良心的裁判員拒否と責任ある参加

～市民社会の中の裁判員制度～

弁護士　**大城　聡**

地方自治ジャーナルブックレットNo．50

はじめに

全国初の裁判員裁判が、二〇〇九年八月三日から六日まで東京地方裁判所で実施された。法廷で証人の話に耳を傾ける裁判員六人の真剣な表情が印象的であった。一人ひとりの裁判員となった人の表情から、緊張の中で誠実に取り組んでいることが伝わってきた。裁判員として責任ある参加をしている姿といえるだろう。

実は、この全国初の裁判員裁判では、もう一つ注目すべき大きな特徴があった。それは裁判員の選任過程で辞退を広く認めたことである。この裁判員裁判の呼出状は六十八人の裁判員候補者に送られた。そのうち事前の質問票の回答で十七人に辞退が認められたのである。さらに、当日、裁判所に来た四十七人のうち二人に辞退が認められた。

このうち九人の辞退事由は、七十歳以上の年齢などの定型的なものではなく、裁判員になると重大な不利益が生じるおそれがあるというものであった。この人たちの具体的な辞退理由は明らかにされていないが、この中には真剣に悩んだ末に、裁判員になるのは荷が重い、人を裁く重みを背負うことはできない、そう考えた人もいたのではないだろうか。もしこのような人たちの思いを酌んで辞退を認めたとすれば、良心的裁判員拒否の可能性を拓く選任手続の運用として高く評価されるべきである。

全国初の裁判員裁判では、裁判員の選任手続で広く辞退を認める一方で、責任ある参加をする裁判員を選ぶことができたといえるだろう。良心的裁判員拒否と裁判員としての責任ある参加の両立は可能であるということが示されたのである。

人を裁くことを拒む自由を全く認めないとすれば、それは健全な市民社会ではない。そもそも人を裁きたくないと思うことは、道徳的に悪いことではない。人を裁く重みを感じることを一枚のコインとすれば、その表が裁判員としての責任ある参加であり、裏が良心的裁判員拒否なのである。人を裁く重みを正面から受けとめて裁判員制度を行うためには、良心的裁判員拒否という選択肢をつくることが必要なのである。本書は、裁判員制度に全面的に賛成して推進していくものでもなく、制度に反対して廃止を訴えるものでもない。本書では、裁判員になるかもしれない市民が裁判員制度にどのように向き合うのかについて、良心的裁判員拒否を中心になるべく具体的に検討していきたい。

裁判員制度は始動したばかりであり、今後どのような運用がなされるのか、どのような制度の見直しがなされるのかは未知数である。すでに守秘義務の軽減など改善点が指摘される一方で、制度自体の廃止を求める声もある。これからは法律の専門家の意見だけではなく、裁判員になるかもしれない市民の声が重要になる。裁判員制度がどのような道を辿るのかを決めるのは、最終的には主権者としての市民である。人を裁く重みをごまかさずに正面から受けとめて、一人ひとりの市民が主体的に裁判員制度と向き合うために、本書が何らかの貢献をすることができれば幸いである。

二〇〇九年八月六日

大城　聡

第一章　人を裁く重みを正面から受けとめる

人を裁くことの重み

二〇〇九年五月二十一日、裁判員制度が本格的に始まった。最高裁判所は、制度の開始までの間に初のテレビコマーシャルを流し、「裁判インコ」などのキャラクターを使い広報活動に力を入れてきた。しかし、裁判員制度の開始直後から行われた「毎日新聞」による調査では「義務でも参加したくない」と答えた人が六四％に上った（毎日新聞二〇〇九年六月二十四日）。一方、最高裁判所が二〇〇八年四月一日に発表した「裁判員制度に関する意識調査」では、裁判参加時の心配及び支障について「判決で被告人の運命が決まる責任を重く感じる」と回答した人が全体の七五・五％と最も高かった。この不安が、多くの人に「義務でも参加したくない」と答えさせているのではないだろうか。

しかし、人を裁きたくないことを理由に裁判員になることを拒むことができるかどうかについては、裁判員法に明確に規定されていない。裁判員候補者となった者が、自らの心に真剣に問いかけた結果として、自分は人を裁くことはできないと思った場合、その人が裁判員になることを拒むことは正当に認められなければならないというのが、私の見解である。このように自分は人を裁くことはできないと考えて裁判員になるのを拒むことを、本書では「良心的裁判員拒否」と呼びたい。この良心的裁判員拒否という選択肢が認められるのかどうか。これは裁判員になるかもしれない市民にとっては切実な問題である。

「そんなに重く感じる必要はない」という最高裁判所長官の言葉

裁判員制度の開始を一年後に控えた二〇〇八年五月の憲法記念日を前にして最高裁判所長官の記者会見が行われた。「人を裁く」という行為への不安感が国民の間にあることについて、当時の最高裁判所長官は、「裁判官も同じだ。法律の勉強や裁判の経験がなくても大丈夫。一人で責任を負うのではなく、皆で意見を言って結論を出す。そんなに重く感じる必要はない。」と述べた（朝日新聞二〇〇八年五月三日）。

私たちは、本当に人を裁くことを「そんなに重く感じる必要はない」のであろうか。刑事裁判は、被告人や被害者、社会に対して、大きな影響を与えるものである。裁判員になるということは、法廷で被告人を裁くということである。無実を主張する被告人が本当に犯人であるといえるか、判断しなければならないこともあるだろう。

事実認定こそが難しい

裁判員に求められるのは、ある事実があったかどうかの「事実認定」であり、法律の解釈ではないから難しく考えることはないという声もある。しかし、刑事裁判の難しさは、実は事実認定の難しさにこそある。

元裁判官の石井一正氏は、「とりわけ、有罪であれば極刑（死刑）が相当な重罪で、被告人が犯人であるか否かが激しく争われている場合の事実認定は重大である。死刑か無罪か、被告人にとっては地獄か天国かの違いであり、被害者（あるいはその遺族）にとっても、捜査従事者や被告人の支援者など事件関係者にとっても、深刻な問題である。裁判の結果が社会に与える影響も少なからぬものがある。」と述べている（石井一正『刑事事実認定入門』）。そして、石井一正氏は、同書の中で「いかにして正しい事実を認定するか。これが刑事裁判の中心的な課題であり、刑事裁判に関係する者の絶えざる関心事である。そして、適正な事実認定が実は容易ならざるものであることも、関係者が等しく痛感しているところである。」と率直にその難しさを語っている。

量刑を決める困難さ

被告人が罪を認めている場合でも、量刑（法律の範囲内でどのくらいの刑がよいかの判断をすること。）で悩むことになる。日本の刑法は、量刑の幅が広い。たとえば、裁判員制度の対象事件である殺人罪についてみると、最も重い刑は「死刑」であるが、最も軽い刑としては減刑すれば「執行猶予」（懲役刑の執行が猶予され刑務所に入らなくてよい。）の判決をすることができる。この広い幅の中から、その事件において被告人にどのような刑を科すのがよいのかを決めることになる。

量刑は、「裁判官が、その職業的良心と全人格をかけて、被告人の罪と罰を直視し、その人間を見極めた上でなされる作業」であるとする元裁判官の岩野壽雄氏は、「三十三年余りの私の裁判官生活を振り返るとき、仕事をとおしてかかわりを持った多くの人々が思い出される。既に十年以上の年月が経過しているのに、その面影までが鮮明に浮かぶ。『その人にとって私の裁判はなんだったのか？　今はどうしているだろうか？』との思いがよぎる。」としている（岩野壽雄『罪と罰―量刑に悩む元裁判官の手記』）。人を裁くことの重みを十分に感じさせる言葉である。

死刑判決の重みを一生背負う

また、現在も再審請求中であり冤罪事件であるとして長く争われている「袴田事件」の第一審を担当した熊本典道元裁判官は、「自分は無罪という心証だった」ということ打ち明けた（二〇〇七年十一月六日日本外国特派員協会の会見）。自分は無罪の心証であったが、他の二人の裁判官を説得できずに死刑判決を出してしまった旨を述べて、袴田事件の再審を支援する意向を明らかにした。この元裁判官の告白からは、自分が裁判官になって間もない時期にした判決について、引退後まで心の中でその重みを感じてきたことがうかがわれる。

少なくともここで紹介した職業的な刑事裁判官は、刑事裁判に向き合ったときに深く悩んで決断していたことがよくわかる。裁判員になるということは、その事件について同じような重みを感じるということである。他人に対する想像力を持っている人ほど、人を裁く重みを感じるのではないだろうか。

裁判員は、死刑について判断しなければならない場合もある。もし自分が関与した裁判で被告人に対して死刑判決をすることになれば、簡単には想像できないほどの重さを生涯背負うことになるだろう。

重大な刑事事件のみが対象

裁判員制度の対象は、殺人事件などの重大な刑事事件である。このことには二つの意味がある。第一の意味は、刑事事件が対象であり、民事事件や行政事件は裁判員裁判の対象ではないということである。民事事件では、お金の貸し借りや相続などを争う裁判がある。行政事件は国や地方自治体が被告になる裁判で、たとえば環境問題などでの公共事業の差止めや行政の情報公開の裁判などがある。このような民事事件や行政事件の裁判には、市民が裁判員として参加することはない。

私たちが日常生活で殺人事件等の重大な刑事事件に直接関わることはほとんどない。市民感覚を反映させることを目的とするのであれば、民事事件や行政事件でも裁判員制度を行うべきだという意見には説得力がある。

第二の意味は、刑事事件の中でも殺人事件のような重大な事件に限られるという点である。重大事件であれば、死刑判決にかかわることもあり、裁判員の責任はより一層重くなる。人を裁く重みをもっとも感じるのが、刑事事件であり、その中でも死刑判決を伴うような重大な事件なのである。

「人を裁く」という言葉

ところで、刑事裁判は、事実を認定し、量刑を決めるものであるから「人を裁く」という言葉は適切ではないという意見もある。しかし、一人の人間に対して刑罰を科すかどうか、刑罰を科すとしてどのくらいの重さにするかを決めることは、その人間の人生に大きな影響を与える判断である。「人を裁く」という言葉の持つ重さは、その判断の重さをもっとも適切に表現しているように思う。そこで、本書では、この点を重視して「人を裁く」という言葉を使っていくこととする。

一枚のコインの表と裏

「良心的裁判員拒否」とは、人を裁く重みを感じた者が、自らの心に真剣に問いかけた結果として、自分は人を裁くことはできないと思った場合、その人が裁判員になることを拒むことである。人を裁くことの重みを感じるということが一枚のコインだとすれば、そのコインの表が「責任ある参加」であり、裏が「良心的裁判員拒否」なのである。この二つは表裏一体であり、どちらも人を裁くという重みを正面から受けとめるものである。良心的裁判員拒否という選択肢があれば、人を裁く重みを真剣に考えて、責任をもって参加するか、それとも拒否するのか、一人ひとりが主体的に選択し、行動することになる。

「責任ある参加」と「良心的裁判員拒否」は両立する

「良心的裁判員拒否」の選択肢があることは、裁判員としての責任ある参加を妨げるものではない。むしろ、裁判員候補者になった時に、裁判員制度に自分がどうかかわるか真剣に考えることで、責任を自覚して裁判員になろうと決意する人もいるだろう。「責任ある参加」とは、人を裁く重みを十分に感じて裁判員となることである。そのような人は、たとえ裁判官が「お客さん」扱いしようとしても、流されることなく自分の意志を伝えることができるはずである。ある人は、裁判官を前に堂々と意見を述べるかもしれない。ある人は、自信なさそうな小さな声ではあるが、率直に自分の疑問を投げかけるかもしれない。このような人たちは「お飾り」の裁判員にはならない。このような人たちが参加することで初めて刑事裁判は市民参加によって良い方向に変わり得るのである。

切り札としての「良心的裁判員拒否」

　裁判員になることを拒んだ人が、裁判員になる代わりに、犯罪者更生施設や犯罪被害者支援団体にボランティアで参加することや寄付をすることを申し出ることも考えられる。制度としては、裁判員になることを拒否する代わりに、刑事司法の分野でのボランティアや寄付を義務付けることも検討すべきであろう。そうすれば、裁判員になった人だけが負担を負うことにはならない。むしろ、裁判だけにとどまらず、犯罪者の更生や被害者支援など広い意味での刑事司法の問題について市民の理解が深まる契機になるだろう。

　良心的裁判員拒否という選択肢があることで、裁判員制度と自分の関係をごまかすことなく考え、主体的にかかわる機会が生まれるのである。その意味で良心的裁判員拒否という選択肢の存在が、責任ある参加を生み出すといえる。人を裁く重みをごまかさずに、良心的拒否することは道徳的に悪いことではない。むしろ裁判員制度にとって積極的な価値を生み出すものなのである。市民の責任ある参加によって裁判員制度を運営していくための切り札が良心的裁判員拒否なのである。

〔ポイント〕

☆裁判員制度の対象は殺人事件などの重大な刑事事件だけである。だからこそ、多くの人が「人を裁く重み」をより強く感じる。

☆人を裁く重みを感じることを一枚のコインだとすれば、その表が責任ある参加で、裏が良心的裁判員拒否である。どちらも人を裁く重みを感じ、主体的に裁判員制度にかかわるものである。

☆良心的裁判員拒否した人が、代替的なボランティアや寄付をすることができる制度にすれば、裁判員になった人だけが負担を負うことにはならない。

第二章　刑事裁判の最大の使命は冤罪《えんざい》を防ぐこと

足利事件が教える冤罪《えんざい》の怖さ

二〇〇九年六月、東京高等検察庁が刑の執行を停止し、足利事件の受刑者であった菅家利和さん（六二歳）は服役先の千葉刑務所から釈放された。逮捕から十七年半を経ての釈放である。

足利事件とは、一九九〇年五月一二日に栃木県足利市内のパチンコ店で四歳の女児が行方不明になり、翌日、渡良瀬川の河川敷で遺体が見つかった事件である。捜査本部は、犯行状況や現場に残された体毛の鑑定などから、血液型がB型で土地勘のある成人男性と犯人像を絞り込んだ。当時四四歳の菅家さんは、パチンコ店によく訪れており、子どもと接する幼稚園バスの運転手であった。このことから捜査本部は、一年近く菅家さんの行動確認を行ったが、菅家さんに不審な点はなかった。だが、行動確認をしていた捜査員が、菅家さんが捨てたゴミから体液のついたティッシュペーパーを入手していた。そして、科捜研のＤＮＡ鑑定の結果を受けて、菅家さんは「犯人」であるとされた。菅家さんは、足利事件の被告人として一九九一年十二月に起訴され、一審（宇都宮地方裁判所）、二審（東京高等裁判所）で有罪とされ、最高裁でも覆らず、無期懲役が確定した。

二〇〇九年六月二十三日、裁判のやり直しである再審の決定が東京高等裁判所で行われた。ＤＮＡの鑑定の技術は、近年大幅な進歩をしており、足利事件当時と精度は雲泥の差がある。そのような技術の進歩を前提として、検察側と弁護側が再鑑定した結果、二つの再鑑定とも真犯人のものと思われる肌着のＤＮＡ型と菅家さんのＤＮＡ型が不一致との結論が出た。検察側も菅家さんが無罪であることを争わないため、再審決定後、菅家さんの無罪が確定すると思われる。

足利事件は、裁判員制度の開始直後に明らかになった冤罪事件である。冤罪の怖さは、無実の人が、身に覚えのない罪で逮捕され、刑罰を受け、人生を奪われることにある。一方で、冤罪が起きれば、結果として真犯人は野放しになってしまう。足利事件では、真犯人が野放しになってきただけではなく、すでに時効を迎えているのである。冤罪は、被害者や遺族にとっても許されるものではないのである。

裁判員制度の最大の使命は冤罪《えんざい》を防ぐこと

冤罪《えんざい》事件は、足利事件だけではない。富山では強姦事件の「犯人」とされた人が、刑務所で服役を終えた後、実は無罪であることが明らかになった。真犯人が判明したのである。また、免田事件、財田川事件、島田事件、松山事件という四つの死刑確定判決事件では、再審裁判によって死刑判決を受けた人たちの無罪が明らかになった。この四つの冤罪《えんざい》事件で「犯人」とされた人たちは、第一審で死刑判決が出た後、約三十年間、死刑執行の恐怖に怯えながら再審裁判を闘わざるを得なかったのである。

たとえ一人でも市民が冤罪で罰せられることのないようにチェックすべき刑事裁判がその機能を果たしていないのではないという問題は、今までも刑事法の学者や弁護士によって指摘されてきた。「わが国の刑事裁判はかなり絶望的である」と故平野龍一教授（元東京大学総長）が論文で書いたのは一九八五年のことであった（「現行刑事訴訟の診断」『団藤重光博士古稀祝賀論文集』第四巻）。

元裁判官で、現在は弁護士として最高裁での痴漢事件で逆転無罪を勝ち取った秋山賢三氏は、「刑事裁判の最大の使命は冤罪《えんざい》を防ぐこと」であると述べている（秋山賢三『裁判官はなぜ誤るか』）。

裁判員制度の対象は刑事裁判である。刑事裁判が対象であるのだから、裁判員制度の最大の使命も冤罪《えんざい》を生まないことである。足利事件のような冤罪《えんざい》事件を生まないことは、裁判員制度が背負った今後の大きな課題である。

裁判員が「お飾り」になる危険性

もっとも裁判員制度が導入されれば、「かなり絶望的」な刑事裁判が、無条件に希望に満ちたものへ変わるわけではない。裁判員制度が悲劇的な結末を迎える危険性もある。

裁判員制度が導入されて危惧される悲劇的な結末とは、裁判員として市民が裁判所に取りこまれた結果、刑事裁判が崩壊するというものである。つまり、裁判員として冤罪《えんざい》を生む構造に取り込まれてしまうという危険である。

裁判員制度が刑事裁判を良い方向に変革するものになるためには、市民が裁判員制度に主体的に参加することが必要不可欠である。もし大半の人が義務だからというだけで裁判員候補者として裁判所に呼び出され、選任されて裁判員になったとすれば、審理において主体的な参加というのは期待できないだろう。

実際に、「裁判員制度に関する意識調査」では、裁判員裁判に、「参加したい」と回答した人が四・四%、「参加してもよい」が一一・一%、「義務であっても参加したくない」が三七・六%に対して、「あまり参加したくないが義務なら参加せざるを得ない」と回答した人が四四・八％と最も多い。

そして、「あまり参加したくないが義務なら参加せざるを得ない」と回答した人のうち、参加にあたって心配だと思う項目で「判決で被告人の運命が決まる責任を重く感じる」を選んだ割合は七八・〇％、「素人に裁判を行えるか不安である」を選んだ割合は六四・五％、「裁判官と対等な立場で意見を発表できる自信がない」を選んだ割合は五六・二％である（複数選択可）。

裁判に参加しても結果として裁判官の考え方に追従するだけならば、裁判員は「お飾り」となり、裁判員制度は国民参加という名の裁判所の新たな権威づけの道具にすぎなくなる。「お上意識」の強いとされる私たちの社会では、このような心配は決して行き過ぎたものではないように思う。

裁判員法の第一条は、裁判員制度の目的として「国民の司法に対する理解の増進」を掲げている。ここには、裁判官が裁判員としてきた人を「お客さん」として表面的には丁寧に扱いながら、自分たちの正しいと考える刑事裁判を裁判員に教え、裁判員がこれに従うという危険が潜んでいる。裁判官はまさにその道の経験を積んだプロであり、素人である裁判員との知識、経験の差は歴然としているからである。もっとも、これは裁判官の側の問題だけではない。裁判員の側にも問題がある。裁判員制度の模擬裁判で見られたのは、量刑の自分の判断した結果が裁判官と同じだったことに安心する裁判員の姿であった。

さらに、不安な点は、裁判員と裁判官の評議の内容が非公開であるばかりでなく、評議の内容は、事件が終了した後も守秘義務の対象となり、明らかにされることがないという点である。つまり、評議は、一種のブラックボックスになっているのである。裁判官は職業として何度も評議を経験する一方、国民は自ら裁判員に選任された時にのみ評議を経験するにすぎない。その上、守秘義務により、裁判員の経験を社会的に共有することは困難になるのである。

「お飾り」となった裁判員が冤罪《えんざい》を生む危険

これらの点を考えていくと、悲観的かもしれないが、市民が主体性を持つことなく、裁判所にとりこまれる形で裁判員制度が運営される危険は十分に考えられると言わざるを得ない。もしそうなれば裁判員制度に反対している人たちが懸念することはすぐに現実のものとなってしまうだろう。審理期間はこれまでに比べて極めて短くなるのに九九％近い有罪率が変わらないとすれば、冤罪《えんざい》の可能性は高くなるかもしれない。社会的な処罰感情の高まりが反映され量刑だけが重くなるかもしれない。それは、冤罪《えんざい》を防ぐ最後の砦としての刑事裁判の崩壊を意味するだろう。裁判員という形で、市民が自ら、この最後の砦を壊すハンマーを振り上げることになるのである。これは極端な想定かもしれない。しかし、残念ながら、このような悲劇的な結末となる可能性を完全に否定することはできないだろう。

国家権力をチェックするという陪審制度の理念

裁判員制度の導入を推進してきた人の多く、とりわけ弁護士の人には、陪審制度に近づく一歩として裁判員制度に期待を寄せる人もいる。陪審制度は、同胞を国家権力が裁くためには同胞の市民による許可がいるということを原点とした制度である。裁判員制度と同じように市民参加の刑事司法の制度であるが、陪審制度の根底には市民による権力へのチェックが必要であるという思想が流れているのである。私も、裁判員制度の導入によって刑事裁判に変革が起こる可能性があると思っている一人である。しかし、そのためには、市民が主体的に参加することが必要不可欠である。この一点を欠いては、まさに画竜点睛を欠き、その期待とは逆に悲劇的な結末を生むことになってしまうだろう。

一人ひとりの悩みこそが刑事裁判に光をもたらす

悲劇的な結末を避けることができるかどうかの分かれ道は、人を裁くことの重さを正面から受け止めて裁判員制度を運営するかどうかという点にあるのではないだろうか。良心的裁判員拒否は、人を裁くことの重さを正面から受け止めるものである。

人を裁くことの重さを呼出状に感じて、ある人は、真剣に考え、裁判員になりたいと思い、裁判所に向かう。ある人は、まずは行って説明を聞いてみようと考え、裁判所に向かう。ある人は、裁判員として自分の役割を果たしたいと思うが、仕事の都合がどうしてもつかなくて、裁判所に行けない旨の連絡をする。そして、ある人は、自分の心に真摯に問いかけ、人を裁くという重みを自分は背負うことはできないと考え、それを伝えに裁判所に向かう。

この人たちは、人を裁くことの重みを感じ、裁判員制度と向き合う人たちである。「裁判員制度に関する意識調査」で「判決で被告人の運命が決まる責任を重く感じる」と全体の七五・五％の人が回答したことは、極めて良識的な感覚のあらわれである。裁判員制度の運営において、この感覚をごまかすことなく正面から受け止めることが重要なのである。裁判員制度が人を裁くことの重みを感じる人たちを正面から認めて運営されれば、その重みを感じて参加する市民は裁判所の「お飾り」とはならない。人を裁く重みを感じた一人ひとりの悩みこそが刑事裁判に光をもたらすのだ。呼出状を受け取った一人ひとりの手の中に、刑事裁判に光をもたらす希望の松明があるのだ。人を裁く重みを正面から受け止めれば、裁判員制度は悲劇的な結末を迎えることを避けることができるのではないかと思う。

刑事裁判では「わからない」は立派な答え

冤罪《えんざい》を防ぐために、もっとも大事なことは「無罪推定」や「疑わしきは被告人の利益に」という刑事裁判の鉄則を徹底することである。

アメリカでは、子供のころから学校で、刑事裁判の鉄則を教えている。たとえば、教師が子どもに「刑事裁判で有罪（guilty）の反対は?」と尋ねる。「無罪（innocent）」は正解ではない。「有罪（not guilty）ではない」が答えだというのである。つまり、刑事裁判は、検察官が「有罪」を証明できるかを判断する場であり、被告人は「無罪」であることを証明する必要はないということを教え込んでいくのである。検察官が、有罪であることを合理的な疑いがないほどに立証することができなければ無罪になるのが刑事裁判の鉄則である。

つまり、刑事裁判では、審理を尽くした結果、この被告人が真犯人であるかどうか「わからない」という答えになったとすれば、その被告人は「無罪」なのである。もしかしたら真犯人かもしれないと思っても、確信が持てずに「わからない」ということならば、「有罪（not guilty）ではない」から無罪となるのである。無罪推定の鉄則が貫かれるべき刑事裁判では「わからない」というのは立派な答えである（伊藤真『なりたくない人のための裁判員制度入門』参照）。

裁判員への八つのお願い

裁判員制度が本格的に開始するに際して、免田事件、財田川事件、島田事件、松山事件という四つの冤罪《えんざい》事件の各弁護団に参加していた弁護士が、「国民の皆さま、裁判員になられる皆さま誤判を防ぐための八つのお願い」を発表した。

〈誤判を防ぐための八つのお願い〉

①「被告人は無罪」という推定の下に裁判を
②検察官に有罪の立証責任があります
③有罪の確信がなければ「無罪」
④違法な捜査や信用できない証拠には「NO！」を
⑤取調べは適正であったかを確認しましょう
⑥鑑定は適正であることは確認できましたか
⑦有罪・無罪の判断は被害者の心情から離れて

⑧　論告・最終弁論に耳を傾けてください

（参照ＵＲＬ　http://www.enzaiboushi.com/appeal.pdf）

裁判員となった市民が、冤罪《えんざい》を防ぐために気を付けることを、弁護士の経験から列挙したものである。

これらを裁判員として実践するのは大変なことである。裁判員はそれだけ重い責任を持つのである。しかし、この重い責任を自覚して、それにもかかわらず裁判員になる人こそが、一人の市民も冤罪《えんざい》で罰されることのない刑事裁判をつくることができるのである。

〔ポイント〕

☆刑事裁判の最大の使命は冤罪《えんざい》を防ぐことである。

☆裁判員制度の対象は刑事裁判である。
裁判員制度の最大の使命は冤罪《えんざい》を生まないことである。

☆刑事裁判の鉄則は無罪推定。「疑わしきは被告人の利益に」が原則。
だから、刑事裁判では「わからない」は立派な答えである。

第三章　良心的裁判員拒否の可能性

良心的裁判員拒否は明文の規定がない

良心的裁判員拒否とは、自分の心に真剣に問いかけた結果、どうしても人を裁くことができないと思った人が、裁判員になるのを拒否することである。このような自己の信条に基づく裁判員拒否については、裁判員法に明文の規定はない。つまり、裁判員法は良心的裁判員拒否を明文では認めていないが、その可能性を否定しているわけでもないのである。

裁判員を拒否する方法としては、たとえ十万円以下の過料の制裁を受けても裁判所に行かず、拒否するという方法がある。カトリックの聖職者は、裁判員になることは、教会法に触れるとして、過料を支払っても裁判員になることを拒否すると宣言している。これも良心的裁判員拒否の一つの形である。

しかし、十万円以下の過料を支払うという制裁を受けない限り、裁判員になることを拒否することはできないのか。本章では、その可能性を探っていきたい。

日本国憲法から良心的裁判員拒否を考える

裁判員になることを強制すると、憲法に反するおそれがある。憲法一九条は「思想及び良心の自由は、これを侵してはならない」として、個人の思想良心の自由を保障している。

憲法は法律に優先するので、たとえ裁判員法で義務と規定されていても、思想良心の自由を侵すことはできない。思想良心の自由が保障されるとは、内心の自由が保障されるということだ。たとえば、江戸時代の一時期に行われたキリシタンにとっては、思想良心の自由を侵害したもっとも典型的なものだろう。踏み絵は、当時のキリシタンにとっては、たんなる「踏む」という行為とはいえない。まさに「踏む」という行為をとおして、その人の内心が侵されているのである。人を裁くことはできないと真剣に考えている人に裁判を行えというのもこれと類似する面がある。

「毎日新聞」の調査では、裁判員候補者三十五人のうち九人が、自らの信条に基づいて拒否したいと回答している（毎日新聞二〇〇九年六月二十四日）。このような人たちに、裁判員になることを強制すると、思想良心の自由を保障する憲法一九条に反するおそれがある。

また、憲法一八条は、「意に反する苦役」を禁止している。裁判員になりたくない人を強制的に裁判員に選任し、裁判を行わせることは「意に反する苦役」にあたるのではないかという問題もある。

さらに、宗教上の教義で裁判員になることができない人に対して、裁判員になることを強制すると、信教の自由を定めた憲法二〇条に違反するおそれもある。

もっとも、これらの問題に対しては、法律の専門家の中でも意見が分かれている。裁判員になることを強制するのは憲法に反すると考える人もいれば、憲法に反するとはいえないという人もいる。ここでは、これらの憲法論に立ち入るのではなく、憲法に反するという見解もあることを念頭に置きながら、良心的裁判員拒否の可能性を検討していきたい。

裁判員法制定前の閣議決定と良心的裁判員拒否

実は、裁判員法が制定される前に、思想信条の自由に配慮して政府案が変更され辞退事由が追加されたという経緯がある。自民党総務部会などから「人を裁くという重いことは良心に照らしてやりたくないという人もいる。『思想信条の自由』を侵すことになる」との懸念が出されたため、閣議決定を延期し、修正することになったとされる（読売新聞二〇〇四年二月二十八日）。そのため、最初の政府案を変更して閣議決定され、「同法案では裁判員の辞退理由に従来の政府案では盛り込まれていなかった『政令で定めるやむを得ない事由』を追加。政令の内容について政府の司法制度改革推進本部は『人を裁けないという信念の持ち主や、宗教上の理由で裁判員になりたくない』などと説明している。」と報道された（日本経済新聞二〇〇四年三月二日）。内閣は閣議決定で、思想信条による裁判員拒否を認める旨を約束していたのである。

辞退事由に潜んでいる良心的裁判員拒否

裁判員法一六条の辞退事由を見ると「その他政令で定めるやむを得ない事由」の場合には、裁判員を辞退できるとある（表一参照）。そして、政令には、「前号に掲げるもののほか、裁判員の職務を行い、又は裁判員候補者として法第二七条第一項に規定する裁判員等選任手続の期日に出頭することにより、自己又は第三者に身体上、精神上又は経済上の重大な不利益が生ずると認めるに足りる相当の理由があること。」と規定されている（「裁判員の参加する刑事裁判に関する法律第一六条第八号に規定するやむを得ない事由を定める政令」平成二十年政令第三号）。

では、どのような場合が「自己又は第三者に身体上、精神上又は経済上の重大な不利益が生ずると認めるに足りる相当の理由がある」場合にあたるのであろうか。

法務省は、「仮に、たとえば、宗教上の教義の核心部分として『絶対に人が人を裁いてはならない、神のみが人を裁くことができる』とされている宗教の信者であり、その方にとっては、裁判員としての職務を行うことがその教義に反する行為をすることとなり、自らの信仰と両立し得ない場合で、裁判員の職務を行うことが精神的な矛盾や葛藤を生じさせることとなるため裁判員の職務を行うことが困難になる場合には、辞退事由を定める政令第六号の『精神上…の重大な不利益が生ずる』場合に該当するとして、辞退が認められ得ると考えます。」としていた（二〇〇八年六月当時の法務省ホームページ）。これはかなり限定的な解釈であるといえるだろう。しかし、よく考えてみると「宗教上の教義の核心部分」とは何なのか、誰が「教義の核心部分」と判断するのか。そもそも宗教上の信念でなければ認められないのだろうか。宗教上や内心の葛藤をどのように裁判所に伝えるのか、また伝えなければならないのか。疑問が多く湧いてくる。

裁判所に呼びつける側の論理

このように良心的裁判員拒否が、法律に明記されずに、政令に潜むように追いやられ、しかも限定的に解釈されているのには理由がある。それは思想良心による拒否を認めると、市民の参加が得られず裁判員制度そのものが成り立たないと危惧されるからである。これは裁判所に市民を呼びつける側の論理である。

ここには、そもそも裁判員制度が制定されるまでの間に裁判員になるかもしれない市民の間での議論がなかったという問題がある。裁判員制度は、弁護士、検察官、裁判官という法曹三者の専門家が主導し、審議会形式という「官」の枠組みの中で考え出された。そして、十分な審理もなく国会で議決され成立した。しかし、弁護士、検察官、裁判官、国会議員はいずれも裁判員になることはない。裁判員として呼び出される側の人の姿はそこにはなかった。呼びつける側の論理で制度設計がされているために、良心的裁判員拒否は、隅に追いやられて見えにくい形になっているのではないだろうか。

代替的なボランティアや寄付という方法

良心的裁判員拒否を認めると、裁判員になる人だけが負担を負うことになり、不公平ではないかという問題がある。たしかに、裁判員として責任ある参加をする人だけに負担を押しつけるのは制度として適切ではない。そこで、良心的裁判員拒否を申し出る場合には、例えば犯罪被害者支援団体への寄付や犯罪者の更正施設でのボランティアを代わりに行うということが考えられる。

刑事司法の問題は、裁判所の中の判決だけでは解決できない。被害者の支援も犯罪者の更正も市民社会が担うべき重要な課題である。裁判員制度をきっかけにして、これらの問題に市民が関心を持つようになることは大きな意義がある。もし裁判員を拒否した人が代替的に幅広い刑事司法の分野でボランティアや寄付をできるようにすれば、裁判員となった人だけが負担を負うことにはならない。むしろ、代替的な方法があれば、裁判だけではなく刑事司法の幅広い課題について関心を喚起することにつながるのである。

裁判員制度の本質は市民に対する信頼である

また、良心的裁判員拒否を認めると、忙しいことやたんに面倒くさいことの言い訳にされた場合に、その拒否が真剣なもので良心的拒否といえるものかどうか区別がつかないという意見がある。たしかに、これは人の心という内面の問題であり、その区別は簡単ではない。しかし、私は、良心的裁判員拒否を安易な言い訳として使う人がいたとしても、それはごく一部の人だけであると思う。そして、裁判員制度の本質から考えれば、もし忙しいことや面倒くさいことの言い訳に良心的裁判員拒否を使う人が多いようならば、そのような基盤で裁判員制度を運用することは危険であり、裁判員制度の導入は時期尚早と言わざるを得ない。

裁判員制度の本質は市民に対する信頼である。裁判員となる一人ひとりは、とても重たい責任を負う。たとえば、裁判官三人と裁判員六人で事件について評議する時に、自分の発言で評議の流れがかわることもあるかもしれない。そして、自分の評決での一票が有罪か否かの結論を左右することもあるかもしれない。裁判員はこの重い責任を負うからこそ、裁判員となる一人ひとりへの信頼がなければ制度が成り立たないのである。良心的裁判員拒否という選択肢もこの市民に対する信頼の上に成り立つものである。

もし制度が維持できないほどの多数の人が安易な言い訳として良心的裁判員拒否を持ち出すのであれば、残念ながら司法を市民が直接担う時期ではないということだ。真摯にその状況を受け止め、裁判員制度を廃止すべきだろう。

〔ポイント〕

☆良心的裁判員拒否を認めないと憲法一八条、憲法一九条、憲法二〇条に違反するおそれがある。

☆内閣が思想信条による拒否を認めるという約束をした結果、辞退事由に関する政令がつくられた。良心的裁判員拒否は、辞退事由の政令に潜んでいる。

☆もし大多数の人が言い訳で良心的裁判員拒否を使うならばそのような土壌で裁判員制度を行うことはできない。裁判員制度の本質は市民に対する信頼である。

第四章　選任手続の中での良心的裁判員拒否

選任手続の中に三回ある良心的裁判員拒否の機会

裁判員制度を運営する裁判所は、市民が裁判員になってもらえないと制度が成り立たないと考え、法務省のように辞退事由をなるべく狭く解釈して良心的裁判員拒否を簡単には認めないかもしれない。また、裁判員制度を積極的に推進する弁護士の中には良心的裁判員拒否は認められないと考える人も多いかもしれない。裁判員制度の中で良心的裁判員拒否という選択肢をつくることは決して容易ではない。しかし、裁判員になるかもしれない人々の声に素直に耳を傾ければ、やはり良心的裁判員拒否という選択肢をつくることは重要であると思う。ここでは裁判員候補者の視点から、裁判員候補者となった人が選任手続の中で良心的裁判員拒否をどのように実現する可能性があるのかを考えていきたい。

良心的裁判員拒否の機会は、①最初の調査票の返送の時、②呼出状が来た際の質問票を返送する時、③裁判所における選任手続期日の時の三回である。これらを詳細に検討していく。

①調査票の返送〜その年の裁判員候補者名簿に載った時

まず、裁判員候補者名簿に載った人には、名簿記載通知とともに、裁判員になれない事情などを尋ねるための調査票が送られる（表二参照）。ここでは、自衛官や警察職員などの就職禁止事由の有無（表三参照）が尋ねられる。また、一年を通じての辞退希望の有無と理由（たとえば七〇歳以上、過去五年以内における裁判員経験者など）、特定の月における辞退希望の有無と理由についても尋ねられる。調査票の段階では、直接的に良心的裁判員拒否について聞かれることはない。この調査票への記入はマークシートで行うことになりそうである。もっとも、この調査票を裁判所に送るときに、真剣に考えて裁判員を拒否したいと思った旨を調査票の余白に記載することやその旨を書いた紙を同封することは許されるであろう。この調査票を裁判所に返送する時が少なくとも最初に自分の意思を伝える機会である。

調査票の回答で約七万人の辞退が認められた

二〇〇九年二月の最高裁の発表によれば、辞退の希望等で調査票を返送した人が名簿に載っている約三十万人のうちの約十二万五千人であった。調査票の返送は、辞退を希望する人などだけが対象であったが、全体の約四割が調査票を返送したことになる。このうち定型的な辞退事由にあたると判断された人は約七万人いた。三十万人からこの七万人を引いたおよそ二十二万人が実質的な裁判員候補者として、呼出状を送る対象になる。つまり、最初の調査票返送の時点で実質的な裁判員候補者が減ることになる。辞退を希望する人は、調査票にあてはまる事項を記入して返送したほうが良いことになる。

②質問票の返送〜裁判員候補者として呼出期日が決まった時

次に、裁判員裁判の対象事件が起訴されると、裁判所は裁判員候補者名簿の中からくじでその事件の裁判員候補者を選ぶことになる。ここで選ばれた人には、裁判所に来るようにとの「呼出状」が送られてくる。このときには、選任手続期日のほかに裁判員として裁判にかかわる日が具体的に示される。この呼出状は、遅くとも選任手続期日の六週間前までに送ることになっている。

呼出状と一緒に「質問票」が送られてくる。この質問票には、調査票よりも詳しく事情を尋ねるとされており、「同居の親族を介護・養育する必要がある」、「事業上の重要な用務を自分で処理しないと著しい損害が生じるおそれがある」、「前号に掲げるほか、裁判員の職務を行うこと等により、本人又は第三者に身体上、精神上又は経済上の重大な不利益が生ずる」などの理由で辞退を希望するかどうかを尋ねることが検討されている。これらの辞退理由は、政令で定められたものである。

良心的裁判員拒否を希望する場合には、「前号に掲げるもののほか…精神的に重大な不利益が生ずる…」という理由にあたることになる。なお、調査票には虚偽記載の罰則はないが、質問票にウソを書くと虚偽記載の罰則（五十万円以下の罰金）を受けるおそれがある。

質問票に記載された内容から、辞退事由に当たることが明らかであれば、呼出取消しということもある。呼出取消しとなれば、その人は裁判所に行く必要がなくなる。もっとも、良心的裁判員拒否の記載だけでは、呼出取消しになる可能性は低いと思われる。

③選任手続期日～裁判員候補者として裁判所に行く時

呼出取消しにならない場合、選任手続期日の当日には、裁判所に赴くことになる。裁判所に理由なく行かない場合には十万円以下の過料の制裁を受ける場合がある。裁判所では、事件についての説明がされる。その説明の後、辞退事由について該当するかどうか、主に裁判官から質問がされる。プライバシーの関係もあるため、この質問は個別に行われるものと思われる。裁判官のほかに検察官と弁護人が同席する。この場で、真剣に考えた結果、自分には人を裁くことはできないので裁判員になることを拒否したいと伝えることができるだろう。具体的には、「自分は真剣に考えたが、裁判員として人を裁くのは荷が重い。どうしても裁判員をやりたくない。」と述べることになる。初めて裁判所に行った人は緊張するだろう。しかし、上手く話して裁判官を説得する必要はない。ただ「自分は裁判員をすることはできない」と伝えればよい。

これは裁判所の運営方法にかかっているが、おそらくそこで直ちに辞退することが認められることはないと思われる。裁判官は、裁判員になることは義務である旨を説くかもしれない。しかし、人を裁くことはできないと考えるのは、自分の心の中の問題であるから、そのことを誠実に裁判官に伝えればよい。

裁判員は「くじ」だけで決まるわけではない

この質問の後には、裁判員候補者の中から、「くじ」で裁判員が選ばれることになる。しかし、ここで重要なのは裁判員候補者全員の中からではなく、不選任決定した人を除いた人たちの中からくじによって裁判員が選ばれるということである。不選任決定には、大きく分けて三つある。

一つは、辞退事由や不適格事由が認められる場合である。良心的裁判員拒否が、辞退事由として認められれば、くじの対象者の中からはずされる。

次に、裁判所が不公平な裁判をするおそれがあると認めた者にあたる場合である。良心的裁判員拒否の申し出をした人が不公平な裁判をするとは直ちにいえないが、この判断には裁判所に裁量があり、ここで不選任決定される可能性もある。

最後に、検察官と弁護人が、それぞれ四人ずつ理由なしで行う不選任請求の対象となった場合が考えられる。検察官と弁護人には、それぞれ四人ずつ裁判員候補者を不選任請求できる権限が与えられている。良心的裁判員拒否を申し出ていた場合、検察官か弁護人から裁判員になるのは不適当と考えて、不選任請求する可能性がある。

この選任手続が行われている間、裁判員候補者として裁判所に呼ばれた人たちは、部屋で待機することになる。そして、みんながいる前で、くじで選ばれた裁判員（及び補充裁判員）が発表されるのである。裁判員制度の模擬裁判などによる運用では、裁判員に選ばれなかった人は、自分がくじに外れたのか、それともくじの前に不選任となっていたのかわからないようになっていた。もっとも、正式な実施後は、辞退事由が認められた場合は、個別に伝えるという運用が予定さている。

このような手続で裁判員が選任されるとすると、真剣に考えた結果、裁判員になることを拒みたいという気持ちをできるだけ丁寧にあらゆる機会に裁判所に伝えることが大事である。辞退事由にあたるかどうかという問題もあるが、実際に運用の中で、裁判官や検察官、弁護士の判断で良心的裁判員拒否が認められる可能性は大いにあるからである。

ここまでの手続きで裁判員に選任されない場合には、自分は裁判員になりたくないと伝えているだけであるから、真剣に自分の心に問いかけて、人を裁くことを拒みたいと考えているのであれば何の問題もない。

裁判員としての宣誓

だが、良心的裁判員拒否を申し出ていたにもかかわらず、裁判員に選任された場合、その人は厳しい選択を迫られることになる。裁判員として宣誓することが求められるのである。宣誓を拒んだ場合、裁判所が宣誓を拒む正当な理由がないと判断すれば、十万円以下の過料（過料は刑罰ではないためいわゆる「前科」とはならない）となる。もし過料になった場合には、裁判員法では即時抗告という手続きで争うことができるようになっている。その場合は、宣誓を拒むことに「正当な理由」があるかどうかが争点となるだろう。さらに、思想良心の自由という憲法上の問題であるため、最終的には特別抗告という手続きで最高裁判所の判断を受けることになる。事件の性質やその人の信条などはケースバイケースであるから、裁判員制度それ自体は合憲だとしても、運用によっては違憲であるとの可能性もゼロではない。ただし、最高裁判所が憲法の番人であるといっても、裁判員制度の旗振り役であるため、実際には過料の制裁が覆ることは難しいかもしれない。

しかし、過料を恐れて裁判員になる人が一人でも出てくるとすれば、それは制度の本質が崩れていることを意味する。過料を恐れて裁判員になっても、司法に対する理解が深まることはない。何よりもそのように選ばれた裁判員に被告人の運命が決められることには多くの人が疑問を感じるのではないだろうか。そのため、裁判員選任手続をどのように運用するのかということは裁判所にとって今後の大きな課題となるであろう。

〔ポイント〕

☆良心的裁判員拒否の機会は、選任手続の中で三回ある。

良心的裁判員拒否をしたいと述べることは禁じられていない。ただし、正当な理由なく裁判所に行かない場合や質問票への虚偽記載には過料や罰金がある。

☆裁判員は「くじ」だけで決まるわけではない。裁判官、検察官、弁護人が候補者を排除できる仕組みがある。

☆一人でも過料を恐れて裁判員になれば制度の本質が崩壊することになる。

第五章　裁判員になった後の良心的拒否

従来の裁判より短い時間で裁判員裁判ができる理由

従来の裁判は、法廷が十回以上、期間が一年以上かかるものもあった。それが、裁判員制度の下では、約七割の裁判が三日以内に終わるとされている。なぜ同じ刑事裁判が短い時間でできるのか。その秘密は、「公判前整理手続き」という制度にある。

裁判員制度の対象事件では、公判前整理手続きが必ず行われることになっている。この公判前整理手続きによって、事前に争点が整理され、どの証拠を取り調べるかが決められて、審理計画がつくられる。実は、裁判員制度では、このように事前に、争点や証拠が、決められているのだ。だから、これまでに比べて短時間で裁判ができるのである。

しかし、この公判前整理手続きには危険な側面もある。刑事裁判において、どのような争点を、どの証拠により判断するかは、極めて重要なことである。極めて重要な手続きであるにもかかわらず、この公判前整理手続きは、裁判官と検察官、弁護士だけで行うことになっており、裁判員は参加できない。しかも、非公開で運用されている。そのため、実質的なことは、公判前整理手続きで決められ、裁判員は、事前に描かれた筋書きに乗るだけの「お客さん」になってしまうという危険がある。

裁判員の中からもっと審理の時間がほしいとの声が出た場合

裁判員となった人が、事前に公判前整理手続きで決められた争点だけではないポイントにも注目した場合や証人への尋問をもっと行いたいと思った場合はどうなるのだろうか。裁判員の中には、早く終わらせて欲しいと思う人もいるかもしれないが、一方で裁判員になったからには納得できるまで慎重に審理して責任をもって判断したいと思う人もいるはずである。

裁判の進行については、裁判官に権限が与えられている。裁判官は、審理時間等を決めることができるのである。裁判員の中から「もっと話を聞きたい」という声が出たら、裁判官はどのように対応するのだろうか。責任をもって裁判員になったのだから、審理があまりに短く不十分では、評議と評決をすることはできないという裁判員もいるかもしれない。不十分な審理では判断できないとして、裁判員としての職務を続けることを拒む人があらわれることも考えられる。これも良心的裁判員拒否の一つの形である。

この場合、裁判所は、この裁判員の辞退を認めるのか、それとも解任するのか。もしくは、公判前整理手続きで決めた予定を変更して審理時間を増やすのか。裁判官がいずれかの選択を迫られことになる。

有罪か無罪かの評決は多数決で決まる

裁判員制度の評決は、多数決で決まる。有罪か無罪かの評決は、原則として過半数で決まることになっている。有罪の場合は裁判官と裁判員の両方が必要になる。

裁判員裁判は九人（裁判員六人と裁判官三人）で行うため、裁判官一人以上を含む五人が有罪とすれば、被告人は有罪になる。たとえば、裁判官三人と裁判員二人が有罪と評決すれば、被告人は有罪となる。

つまり、裁判員六人のうち四人が無罪と考えても、被告人が有罪となる仕組みなのである。

評決は、裁判員裁判のもっとも重要な場面である。この仕組みの意味は、どういうものなのだろうか。もし裁判員制度が市民の意見を直接反映させる制度だとすれば、この制度設計は明らかにおかしい。裁判員六人のうち四人が無罪だと考えても、被告人は有罪となるのだから、市民の意見を反映しているとはいえない。

さらに、無罪だと確信した人も、多数決で有罪となれば量刑の判断に加わらなければならない。

アメリカの陪審員は有罪判決に対する拒否権を持っている

アメリカの陪審制度では、有罪か無罪の評決の場合には、全員一致を原則としている。有罪か無罪かを決める評議と評決には裁判官は加わらないのがアメリカの陪審制度である。市民から選ばれた陪審員だけで評議と評決が行われる。全員一致が原則のため陪審員の一人が無罪とすれば、有罪の判決をすることはできない。つまり、アメリカの陪審員は、一人ひとりが有罪の判決に対する「拒否権」を持っているといえるのである。

アメリカの陪審制度は、そもそも権力機関が市民に対して刑罰を科すためには、同胞である市民の許可が必要という思想と歴史から生まれている。だからこそ、陪審員として選ばれた人の全員一致が必要という制度をとっているのである。このような制度の中で、映画『十二人の怒れる男』でヘンリー・フォンダが演ずる陪審員が、有罪になりそうな雰囲気の中で他の陪審員を説得していくのである。

コリン・P・A・ジョーンズ氏は、「全員一致の要件は厳し過ぎると思われるかもしれないが、現代社会における憲法の目的の一つが、市民の多数から、少数の人権を保護することであることからすれば、たった一人の陪審員でも被告人を『守れる』ことはおかしなことではない。」と述べている。

もっとも無罪の評決でも全員一致が必要なため、どうしても全員一致の評決ができない場合には、陪審が決裂して、新しい陪審を選び直すことになる。これで検察があきらめて起訴を取り下げることもある（コリン・P・A・ジョーンズ『アメリカ人弁護士が見た裁判員制度』）。

日本とアメリカのどちらの制度が優れているかということは、単純に決めることはできない。しかし、評決の仕組みが多数決かそれとも全員一致かということには、実は大きな意味の違いがあるということを私たちは自覚する必要があるだろう。

これは制度の存在意義にかかわる論点であり、裁判員制度の見直しの際に議論すべき点である。

無罪だと思う裁判員には量刑の判断を強制せず辞退を認めるべきである

裁判員と裁判官の評議では、まず有罪か無罪かの判断をする。そして、有罪であれば、量刑を決めることになる。だが、日本の裁判員制度は、多数決で評決するため、ある裁判員が無罪だと確信していても、多数決で有罪となる場合がある。裁判員法では、このような場合にも特に配慮はなく、無罪と思っている裁判員も含めて量刑を決めることになっている。しかし、ある裁判員が被告人は真犯人ではないと思っている場合、多数決で決まったからといって、被告人が真犯人であることを前提に量刑を決めることには抵抗を感じるのではないだろうか。

このような場合、無罪だと思っている裁判員には量刑の判断を強制せずに辞退を認めるべきである。裁判員の職務を続けることが著しく困難な場合であるとして、辞退事由にあたると考えるべきである。「私は、被告人が無罪だと思うので、有罪を前提にした量刑の判断はできない。」という裁判員に対しては、裁判員になった後の良心的拒否を認めるべきである。

評議で意見を言わなくても罰則はない

辞退事由にあたるかどうかは裁判官が判断するため、場合によっては無罪と思っていても量刑の判断に加わるように促されるかもしれない。しかし、それでも「私は、被告人が無罪だと思うので、有罪を前提にした量刑の判断はできない。」と評議の時に言えば、裁判官は、その裁判員を解任するしかない。この場合には、形式的には評議で意見を述べる裁判員としての義務に反するが、この義務に違反しても罰則はない。そもそもこのような場合には評議で意見を述べる義務は免除されると考えるべきだろう。もし裁判官が辞退を認めなければ、このような方法で良心的裁判員拒否をする人もあらわれるかもしれない。

〔ポイント〕

☆裁判員になった後でも良心的裁判員拒否はできる。

☆公判前整理手続きがあっても納得できる審理を求めるべきである。

☆評議で意見を述べる義務に反しても罰則はない。辞退を認めなければ、このような方法で良心的裁判員拒否をする人があらわれるかもしれない。

第六章　市民社会の中の裁判員制度

「裁判の公開」が市民にとって実質的な意味を持ち始めた

これまでは、傍聴席から法廷を見ていても、法律の専門家ではない市民は何が行われているのかよくわからなかった。その理由は、裁判が法律の専門家だけしかわからないような手続きで進められていたことに加えて、裁判官が法廷の終わった後に被告人の供述調書などの書類を読み込んで判断する比重が高かったためである。「裁判の公開」は公正な裁判が行われているか監視するための憲法上の原則であるが、実際には公開されていても市民には内容がわからない状況であったといえる。しかし、この状況が裁判員制度の導入によって大きく変わったのである。法律の専門家ではない裁判員が参加することになり、法廷で見て聞いてわかる審理をする必要が生まれたからである。法廷を傍聴した市民は、裁判員とほぼ同じ情報を得られるから、判決の内容についても批判や議論を行うことができるようになる。憲法で定められている「裁判の公開」が、市民にとっても実質的な意味を持ち始めたのである。

福岡県弁護士会では、福岡県内の裁判員裁判を傍聴する市民モニターを募集し、裁判員裁判の運営や弁護方法について市民の意見を集めるとしている。また、私も運営に携わる一般社団法人裁判員ネットでは、「裁判員裁判市民モニター」をインターネット等で全国から募集している。裁判員ネットでは、市民モニターとして裁判員裁判を傍聴した結果を全国から集めて公表する予定である。市民モニターを体験することで裁判に対する理解が深まることも期待できる。裁判員候補者の中にも市民モニターとして、まず裁判員裁判を見てみようと思う人もいるだろう。裁判員になる前に市民モニターを体験する効果は大きいと思われる。また、実際に自分の目で裁判員裁判を見た上で良心的裁判員拒否をするかどうか判断する人も出てくるだろう。

裁判員裁判では必ず市民モニターがいるという状態になれば、裁判の公開が実質的に一歩進むことになる。新しい市民参加の回路が生まれるのである。始動したばかりで未知数である裁判員制度がどのように運用されているのか、市民の視点からチェックすることができるのである。また、このような市民の声を集めることで、制度の見直しの際に、法律の専門家だけではなく、裁判員になるかもしれない市民の視点を活かすこともできるはずである。

行政事件訴訟にこそ裁判員の参加を

現在、裁判員制度は刑事事件だけを対象に導入されている。しかし、市民の司法参加という視点からみると、裁判員制度の対象を刑事事件だけに限定する必要はない。

アメリカの陪審制度を「民主主義の学校」であると評価したトクヴィルは「陪審の制度は刑事事件に限定されているときには、いつも不安定である」として、陪審制度が民事事件も対象にしている点に着目した（トクヴィル『アメリカのデモクラシー』第一巻〈下〉）。

現在の日本では、広い意味では民事事件であるが、市民の環境問題等への関心の高まりを背景にして公共事業や開発などに関する行政事件訴訟にこそ市民の感覚を反映させるべきだと考えられる。元鳥取県知事の片山善博氏も「私は行政事件に直接関わったことが多いのですが、行政事件訴訟に対する司法の判断はいびつだなと思ったことがたびたびあります。そういうところにこそ国民の健全なる常識をもう少し盛り込まなければいけない。今後司法への国民参加のフィールドとして一番優先すべきは行政事件訴訟だと私は思います。」と述べ、行政事件訴訟に市民が参加できる仕組みを期待している（片山善博他『これだけは聞いておきたい裁判員裁判　一三一の疑問に答える』）。

行政の公権力の行使に対して、市民の視点からチェックをすることは、これからの市民社会にとって必要なことである。行政事件訴訟に市民が裁判員として参加するということは、その方法の一つとして真剣に検討すべきである。

良心的裁判員拒否を明確に規定する必要性

裁判員制度施行後の見直しでは、他の問題点の改善とともに良心的裁判員拒否を裁判員法に明確に規定すべきである。裁判員を拒否する場合には、代わりに、犯罪者更生施設や犯罪被害者団体でのボランティアや寄付などを義務付けることも検討すべき論点である。

日本では、「大岡裁き」のように「お上」が素晴らしい裁きをして、「庶民」はこれに従うという風土が少なからず存在してきた。良心的裁判員拒否は、「すべてをお上にお任せします」というものではない。人を裁く重みを感じ、裁判員制度の下で刑事裁判に対する市民の主体的なかかわりを実現するためのものである。

裁判員制度に対して、市民が主体的にかかわることができるのか。それとも「大岡裁き」のお白州の脇に座っているだけの庶民のように「お飾り」の存在となるのか。この違いは、裁判員制度の歩む道を大きく変える分岐点である。裁判員を呼びつける側である専門家だけの議論によって導入された裁判員制度に対して、市民が主体的にかかわるために良心的裁判員拒否を運用の中で実現し、制度の見直しにおいても明確に裁判員法に規定すべきである。

裁判員制度は市民による実質的な承認を受けていない

ところで、裁判員制度は、裁判員になるかもしれない市民の間で本格的な議論がないまま法曹三者の駆け引きの末に導入されることになった。国会で、すべての政党の賛成であっさりと可決したことも、むしろ裁判員制度の主役であるはずの市民の間での議論がなかったことを意味する。裁判官、検察官、弁護士、国会議員は、裁判員への就職禁止事由となるため裁判員になることはない。

このような導入の経過をみると裁判員制度には、形式的な合法性はあっても、実質的には市民の承認がないといわざるを得ない。実質的な承認がないからこそ、たとえ義務でも裁判員になりたくないという人が少なからず存在するのである。つまり、裁判員制度には、形式的な合法性はあっても、正統性すなわち実質的な市民の承認がないのである。

この裁判員制度が、司法への市民参加として正統性を持つためには、裁判員として参加する市民による承認が必要である。今、多くの人にとって裁判員制度とは、「上からの改革」として突然降ってきたものでしかない。

裁判員制度がスタートして運営されていく中で、裁判員制度をどうすべきかについて市民の幅広い議論を行い、制度を維持するかどうかも含めて裁判員になる人たちの声を反映しなければ、裁判員制度が市民の承認を受けたことにはならないだろう。

裁判員制度の運用と見直しに市民の声を反映させる

裁判員法の附則には、施行後三年経過した場合、必要があれば見直しをするとの規定がある。裁判員制度が、裁判員となる市民によって承認されるかどうかは、まさに刑事司法制度という国の統治のあり方の根本にかかわる問題である。自分たちの社会を自分たちで創るという主体的な実感を持つことは市民社会において最も大事なことの一つである。裁判員制度は、成熟した市民社会の中でこそ機能するのであり、刑事裁判をより良くする可能性があるのだといえるだろう。

裁判員制度は、司法制度という大きな問題であると同時に自分が参加するかもしれないという身近な問題である。このような問題こそ、市民が主体的に議論する必要がある。場合によっては、今は制度化されていないが国民投票という方法によって、主権者である市民に直接その是非を問うということがあってもよい。有権者の一人ひとりが、裁判員制度を維持するかも含めて、どのように見直しを行うのかを考え投票するというのは一つの選択肢であると思う。いずれにしても、法律の専門家だけではなく裁判員になるかもしれない人たちの声が反映されなければならない。裁判員を経験した人の声、法廷を傍聴した市民モニターの意見など、多様な市民の声に耳を傾けるべきである。裁判員制度が始動した今だからこそ、制度の運用や見直しに、市民の声を反映することが必要なのである。

本書は「裁判員選任過程の問題点」(『裁判員制度と知る権利』第四章)を大幅に加筆修正したものである。

〈参考文献・参考資料〉

梓澤和幸・田島泰彦編『裁判員制度と知る権利』（現代書館　二〇〇九年）
石井一正『刑事事実認定入門』（判例タイムズ社　二〇〇五年）
岩野壽雄『罪と罰―量刑に悩む元裁判官の手記』（新日本法規出版株式会社　一九九二年）
最高裁判所「裁判員制度に関する意識調査」（最高裁判所ホームページ　二〇〇八年）
木村晋介監修『激論！「裁判員」問題』（朝日新聞出版　二〇〇八年）
読売新聞　二〇〇四年二月二十八日
日本経済新聞　二〇〇四年三月二日
朝日新聞　二〇〇八年五月三日
毎日新聞　二〇〇九年六月二十四日
平野龍一「現行刑事訴訟の診断」『団藤重光博士古稀祝賀論文集』第四巻（有斐閣　一九八五年）
秋山賢三『裁判官はなぜ誤るか』（岩波書店　二〇〇二年）
伊藤真『なりたくない人のための裁判員入門』（幻冬社　二〇〇九年）
コリン・P・A・ジョーンズ『アメリカ人弁護士が見た裁判員制度』（平凡社　二〇〇八年）
トクヴィル『アメリカのデモクラシー』第一巻〈下〉（岩波書店　二〇〇五年）
片山善博『ここだけは聞いておきたい裁判員裁判　三一の疑問に答える』（日本評論社　二〇〇九年）

表一

辞退事由

〈裁判員法〉

①七十歳以上の人

②地方公共団体の議会の議員（ただし会期中に限る）

③常時通学を要する課程に在学する学生、生徒

④一定期間内に裁判員や検察審査員などの職務に従事したり、裁判員候補者として裁判所に来た人

（ただし、辞退が認められた人は除く）

⑤以下のやむを得ない事由その他政令で定める事由があって、裁判員の職務を行うこと又は裁判所に行くことが困難な人

・重い疾病や傷害により裁判所に行くことが困難である

・同居の親族を介護・養育する必要がある

・事業上の重要な用務を自分で処理しないと著しい損害が生じるおそれがある

・親族の結婚式への出席など社会生活上の重要な用務がある

〈政令で定める事由〉

以下のような事由があって、裁判員の職務を行うこと又は裁判所に行くことが困難な人

・妊娠中又は出産の日から八週間を経過していない

・同居していない親族又は親族以外の同居人を介護・養育する必要がある

・親族又は同居人が重い病気・けがの治療を受けるための入通院等に付き添う必要がある

・妻・娘が出産する場合の入退院への付き添い、出産への立ち会いの必要がある

・住所・居所が裁判所の管轄区域外の遠隔地にあり、裁判所に行くことが困難である

・前号に掲げるほか、裁判員の職務を行うこと等により本人又は第三者に身体上、精神上又は経済上の重大な不利益が生ずる

表二

裁判員選任手続の流れ

〈前年秋～十二月ころまで〉

裁判員候補者名簿にのった場合、通知と調査票が届く。

裁判員候補者は調査票を返送する。

〈裁判の六週間前まで〉

裁判の日が決まり、呼出状と質問票が届く。

裁判員候補者は質問票を返送する。

〈選任手続期日〉

裁判所で選任手続を行う。

裁判長などから個別に質問される。

裁判員に選任されるかどうかが決定される。

表三

裁判員になることができない人

〈欠格事由〉

①成年被後見人又は被保佐人など国家公務員法三八条に該当する者

②義務教育を終了しない者（ただし、義務教育を終了した者と同等以上の学識を有する者は、この限りではない）

③禁固以上の刑に処せられた者

④心身の故障のため裁判員の職務の遂行に著しい支障がある者

〈就職禁止事由〉

①国会議員

②国務大臣

③国の行政機関の職員のうち各府庁の審議官以上の職員等

④裁判官又は裁判官であった者

⑤検察官及び検察官であった者

⑥弁護士（外国法律事務弁護士を含む）及び弁護士であった者
⑦弁理士
⑧司法書士
⑨公証人
⑩司法警察職員としての職務を行う者
⑪裁判所の職員（非常勤の者を除く）
⑫法務省の職員（非常勤の者を除く）
⑬国家公安委員会委員及び都道府県公安委員会委員並びに警察職員（非常勤の者を除く）
⑭判事、判事補、検事又は弁護士となる資格を有する者
⑮学校教育法に定める大学の学部、専攻科又は弁護士となる資格を有する者
⑯司法修習生
⑰都道府県知事及び市町村（特別区を含む）の長
⑱自衛官
⑲禁固以上の刑に当たる罪につき起訴され、その被告事件の終結に至らない者
⑳逮捕又は勾留されている者

裁判員制度の主な罰則

裁判員候補者	呼出状と一緒に届く「質問票」にウソを記入して返送した場合	50万円以下の罰金
	呼び出された当日（選任手続期日）に正当な理由なく裁判所に行かなかった場合	10万円以下の過料
	選任手続の面接で裁判長にウソを述べた場合	50万円以下の罰金
裁判員と裁判員経験者	裁判員として知った「評議の秘密」や「事件関係者のプライバシー」を漏らした場合	6か月以下の懲役または50万円以下の罰金
	裁判員の職務に関してわいろを受け取った場合（単純収賄罪の場合）	5年以下の懲役
一般の市民	裁判員の職務に関して裁判員にお願いごと（請託）をした場合	2年以下の懲役または20万円以下の罰金
	裁判員やその経験者を威迫する行為をした場合	2年以下の懲役または20万円以下の罰金

※この資料は裁判員ネットのホームページ（http://www.saibanin.net）より作成しました。

【資料】裁判員制度についての簡単な概要をご紹介します

〈裁判員の義務〉

裁判員の義務としては、次のようなものがあります。

1　公平誠実義務（9条）

裁判員は、公平誠実に役割を果たさなければならないという一般的な義務があります。

2　守秘義務（9条、70条）

評議の経過や裁判官、裁判員の意見、評決の数などは「評議の秘密」として、守秘義務を負います。その他職務上知り得た秘密も守秘義務の対象となります。

守秘義務に違反した場合には、6か月以下の懲役又は50万円以下の罰金が規定されています（79条）。

3　出頭義務（52条、63条）

裁判員候補者が裁判所への呼び出しに正当な理由なく応じなかった場合には、10万円以下の過料が規定されています（83条）。

4　意見を述べる義務（66条）

裁判員には評議に出席して意見を述べる義務が規定されています。

3　なぜ短い時間で裁判ができるのか？

従来の裁判は、法廷が10回以上、期間が１年以上かかるものもありました。それが、なぜ約７割の裁判が３日以内に終わるのか。その秘密は、「公判前整理手続き」という制度にあります。

裁判員制度の対象事件は、必ず「公判前整理手続き」が行われることになっています。この「公判前整理手続き」で、事前に争点を整理し、どの証拠を取り調べるか決めて、審理計画をつくります。実は、このように事前に、争点や証拠が、決められているのです。だから、これまでに比べて短時間で裁判ができるのです。

しかし、この「公判前整理手続き」には危険もあるといわれています。どのような争点を、どの証拠により判断するかは、極めて重要なことです。しかし、これを決める公判整理手続きは、裁判官と検察官、弁護士だけで行います。しかも、非公開で運用されています。そのため、実質的なことは、公判前整理手続きで決められ、裁判員は、事前に描かれた筋書きに乗るだけの「お客さん」になってしまうという危険もあります。

「公判前整理手続き」がどのように行われるか、これは裁判員制度の本質にかかわる大きな問題の一つといえます。

【資料】裁判員制度についての簡単な概要をご紹介します

〈裁判にかかる日数と時間〉

1　裁判の日数の目安

約7割の事件が3日以内に終わるとされています。しかし、被告人が有罪であることを争っているなどの難しい事件の場合、5日以上かかる事件も約3割あると予想されています。

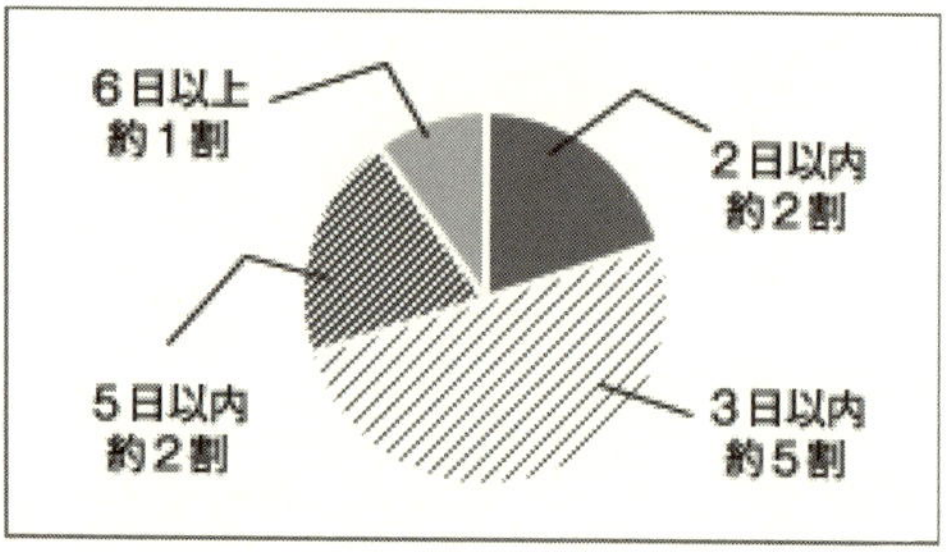

2　1日に行う裁判の時間の目安

通常1日5時間から6時間くらいとされています。初日は、午前10時ころに裁判所に行き、午前中に裁判員の選任手続きが行われます。そして、裁判員に選ばれた人は、そのまま、午後から裁判の審理を行うことになります。裁判員候補者で、裁判員に選ばれなかった人は、午前中の選任手続きが終われば帰ることができます。

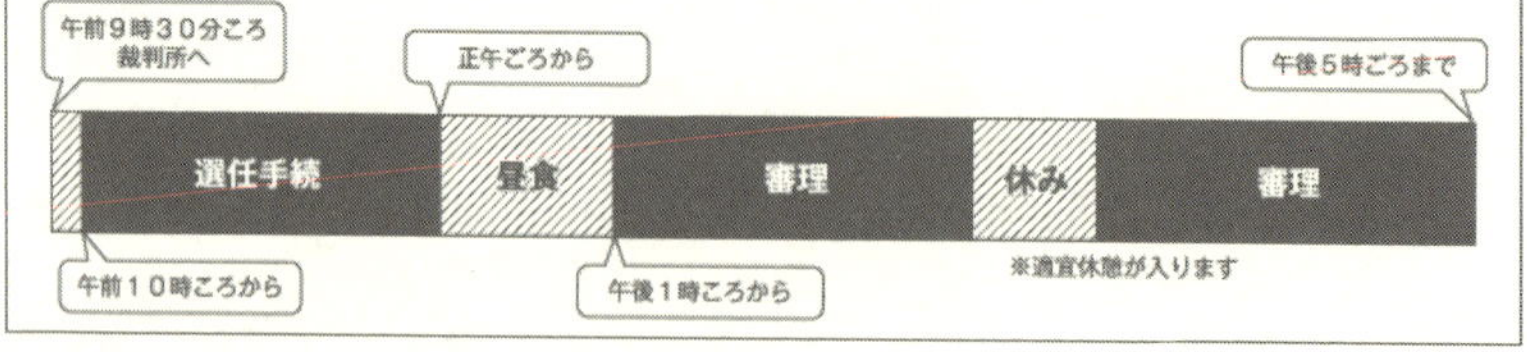

〈裁判員の仕事と役割〉

1　審理

裁判員は、刑事裁判の法廷での審理に関与します。

法廷では、証人や被告人に対する質問などが行われます。

また、証拠として提出された物や書類も取り調べます。

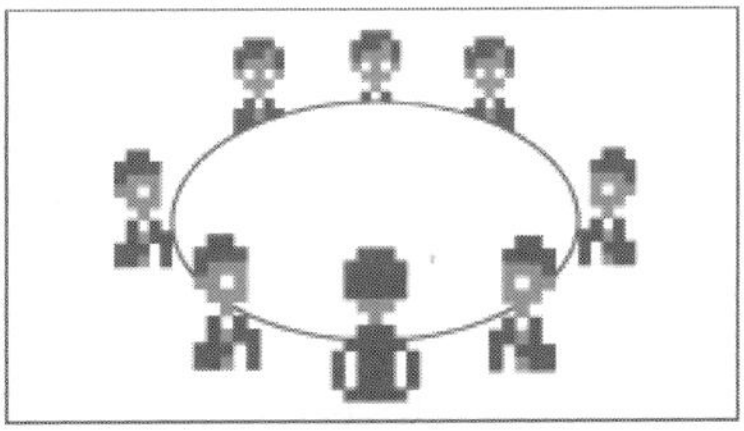

2　評議

評議は、法廷とは別の部屋で、裁判官と裁判員のみで行われます。裁判員は、証拠に基づいて、被告人が有罪か無罪か、有罪だとすれば、どのような刑にするかを裁判官と共に評議し、決定します。対象の事件は重大事件ですから、裁判員となった人は、被告人を死刑にすべきかどうかの判断を求められることもあります。

3　判決

評議の結果、判決の内容が決まると、法廷で判決が宣告されます。

裁判員は、判決の宣告に立ち会います。ここまでが裁判員の役割になります。

【資料】裁判員制度についての簡単な概要をご紹介します

〈対象となるのは重大な刑事事件のみ〉

裁判員裁判の対象となるのは、一定の重大な犯罪に関する事件だけです。例えば、殺人罪、強盗が人を死なせたりけがをさせる強盗致死傷罪、人の住居等に放火する現住建造物等放火罪、身代金目的誘拐罪、無謀な運転により事故を起こして人を死なせる危険運転致死罪などに関する裁判です。

平成19年のデータをもとにすると、裁判員裁判の対象となる事件は、全国で約2600件でした。

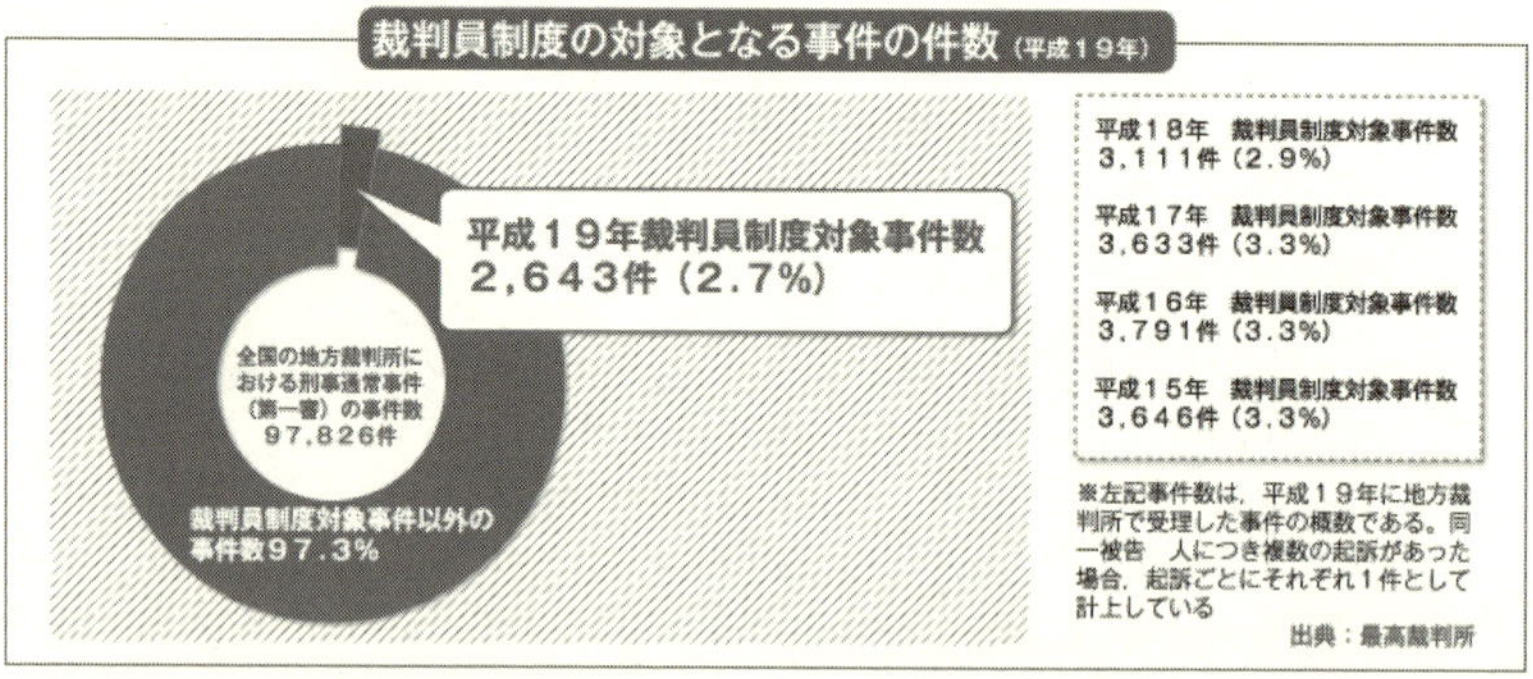

※左記事件数は，平成19年に地方裁判所で受理した事件の概数である。同一被告　人につき複数の起訴があった場合，起訴ごとにそれぞれ1件として計上している
出典：最高裁判所

【資料】

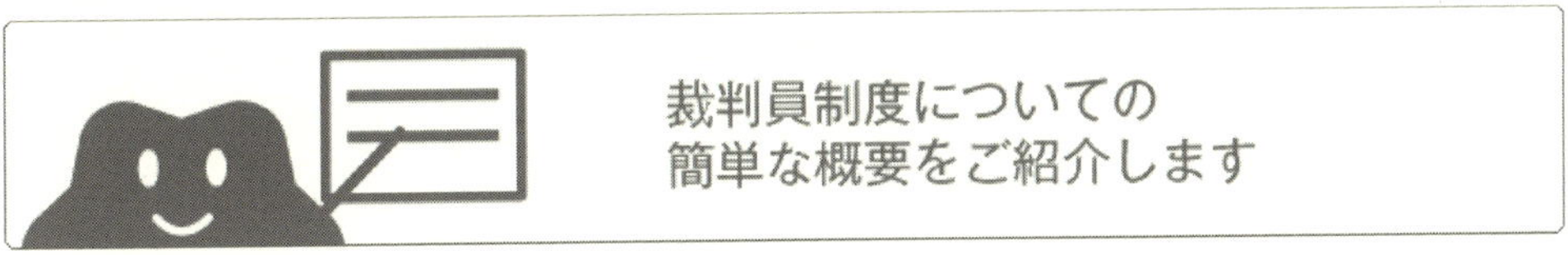

〈裁判官３人＋裁判員６人で行う刑事裁判〉

これまでの刑事裁判は、裁判官３人で行われていました。

裁判員制度では、裁判官３人と裁判員６人で刑事裁判を行うことになります。

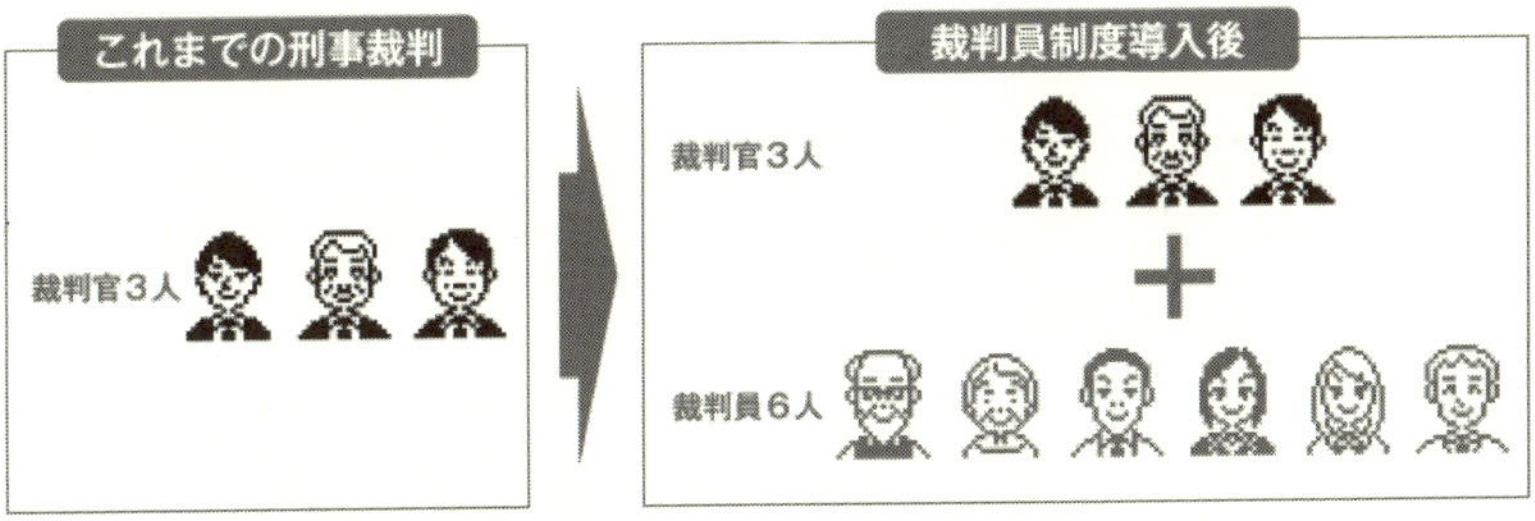

［著者略歴］
大城　聡（おおしろ・さとる）
1974年　東京都生まれ
中央大学法学部政治学科卒業、中央大学大学院法学研究科
政治学専攻修了、山梨学院大学法科大学院修了
弁護士（東京千代田法律事務所、東京弁護士会所属）
一般社団法人 裁判員ネット 代表理事

〔裁判員ネットとは〕
一般社団法人裁判員ネットは、裁判員制度について情報発信し、裁判員制度に市民が主体的にかかわることができるようにすることを目的とした非営利団体です。弁護士、会社員、臨床心理士、学生など多様な市民が運営に携わっています。
裁判員ネットでは、裁判員裁判を傍聴して市民がチェックする市民モニターを実施しています。全国各地から市民モニターとして協力してくれる方を募集中です。
E-mail　info@saibanin.net　　FAX　03-3255-8876
ホームページ　http://www.saibanin.net

地方自治ジャーナルブックレット No. 50
良心的裁判員拒否と責任ある参加
―市民社会の中の裁判員制度―

2009年9月10日　初版発行　　　定価（本体１，０００円＋税）

著　者　　大城　聡
発行人　　武内　英晴
発行所　　公人の友社
〒112-0002　東京都文京区小石川５－２６－８
ＴＥＬ ０３－３８１１－５７０１
ＦＡＸ ０３－３８１１－５７９５
E-mail　koujin@alpha.ocn.ne.jp
http://www.e-asu.com/koujin/

「官治・集権」から

「自治・分権」へ

市民・自治体職員・研究者のための

自治・分権テキスト

《出版図書目録》
2009.9

公人の友社

112-0002　東京都文京区小石川５－26－８
TEL　03-3811-5701
FAX　03-3811-5795
メールアドレス　koujin@alpha.ocn.ne.jp

●ご注文はお近くの書店へ

小社の本は店頭にない場合でも、注文すると取り寄せてくれます。

書店さんに「公人の友社の『○○○○』をとりよせてください」とお申し込み下さい。５日おそくとも10日以内にお手元に届きます。

●直接ご注文の場合は

電話・ＦＡＸ・メールでお申し込み下さい。(送料は実費)

TEL　03-3811-5701　FAX　03-3811-5795
メールアドレス　koujin@alpha.ocn.ne.jp

(価格は、本体表示、消費税別)

地域ガバナンスシステム・シリーズ
（龍谷大学地域人材・公共政策開発システム　オープン・リサーチ・センター企画・編集）

No.1
地域人材を育てる自治体研修改革
土山希美枝　900円

No.2
公共政策教育と認証評価システム—日米の現状と課題—
坂本勝　編著　1,100円

No.3
暮らしに根ざした心地良いまち
野呂昭彦・逢坂誠二・関原剛・吉本哲郎・白石克孝・堀尾正靱
1,100円

No.4
持続可能な都市自治体づくりのためのガイドブック
「オルボー憲章」「オルボー誓約」
翻訳所収
1,100円

No.5
英国における地域戦略パートナーシップの挑戦
白石克彦編・的場信敬監訳　900円

No.6
マーケットと地域をつなぐパートナーシップ
協会という連帯のしくみ
白石克彦編・園田正彦著　1,000円

No.7
政府・地方自治体と市民社会の戦略的連携
—英国コンパクトにみる先駆性—
的場信敬編著　1,000円

No.8
財政縮小時代の人材戦略
多治見モデル
大矢野修編著　1,400円

No.9
市民と自治体の協働研修ハンドブック
土山希美枝　1,600円

No.10
行政学修士教育と人材育成
—米中の現状と課題—
坂本勝著　1,100円

No.11
アメリカ公共政策大学院の認証評価システムと評価基準
—NASPAAのアクレディテーションの検証を通して—
早田幸政　1,200円

No.12
イギリスの資格履修制度
—資格を通しての公共人材育成—
小山善彦　1,000円

福島大学ブックレット『21世紀の市民講座』

No.1
外国人労働者と地域社会の未来
桑原靖夫・香川孝三（著）
坂本恵（編著）　900円

No.2
自治体政策研究ノート
今井　照　900円

No.3
住民による「まちづくり」の作法
今西一男　1,000円

No.4
格差・貧困社会における市民の権利擁護
金子　勝　900円

No.5
法学の考え方・学び方
イェーリングにおける「秤」と「剣」
富田　哲　900円

都市政策フォーラムブックレット
（首都大学東京・都市教養学部　都市政策コース　企画）

No.1
「新しい公共」と新たな支え合いの創造へ—多摩市の挑戦—
首都大学東京・都市政策コース
900円

No.2
景観形成とまちづくり
—「国立市」を事例として—
首都大学東京・都市政策コース
1,000円

No.3
都市の活性化とまちづくり
—「制度設計から現場まで」—
首都大学東京・都市政策コース
1,000円

北海道自治研ブックレット

No.1
市民・自治体・政治
再論・人間型としての市民
松下圭一　1,200円

No.2
議会基本条例の展開
その後の栗山町議会を検証する
橋場利勝・中尾修・神原勝
1,200円

TAJIMI CITY ブックレット

No.2
転型期の自治体計画づくり
松下圭一　1,000円

No.3
これからの行政活動と財政
西尾勝　1,000円

No.4
構造改革時代の手続的公正と第２次分権改革
手続的公正の心理学から
鈴木庸夫　1,000円

No.5
自治基本条例はなぜ必要か
辻山幸宣　1,000円［品切れ］

No.6
自治のかたち法務のすがた
政策法務の構造と考え方
天野巡一　1,100円

No.7
自治体再構築における行政組織と職員の将来像
今井照　1,100円

No.8
持続可能な地域社会のデザイン
植田和弘　1,000円

No.9
政策財務の考え方
加藤良重　1,000円

No.10
市場化テストをいかに導入するべきか　～市民と行政
竹下譲　1,000円

No.11
市場と向き合う自治体
小西砂千夫・稲沢克祐　1,000円

地方自治土曜講座ブックレット

No.2
自治体の政策研究
森啓　600円

No.22
地方分権推進委員会勧告とこれからの地方自治
西尾勝　500円

No.34
政策立案過程への「戦略計画」
少子高齢社会と自治体の福祉法務
加藤良重　400円

No.42
改革の主体は現場にあり
山田孝夫　900円

No.43
自治と分権の政治学
鳴海正泰　1,100円

No.44
公共政策と住民参加
宮本憲一　1,100円

No.45
農業を基軸としたまちづくり
小林康雄　800円

No.46
これからの北海道農業とまちづくり
篠田久雄　800円

No.47
自治の中に自治を求めて
佐藤守　1,000円

No.48
介護保険は何を変えるのか
池田省三　1,100円

No.49
介護保険と広域連合
大西幸雄　1,000円

No.50
自治体職員の政策水準
森啓　1,100円

No.51
分権型社会と条例づくり
篠原一　1,000円

No.52
自治体における政策評価の課題
佐藤克廣　1,000円

No.53
小さな町の議員と自治体
室崎正之　900円

No.54
改正地方自治法とアカウンタビリティ
鈴木庸夫　1,200円

No.56
財政運営と公会計制度
宮脇淳　1,100円

No.59
環境自治体とＩＳＯ
畠山武道　700円

No.60
転型期自治体の発想と手法
松下圭一　900円

No.61
分権の可能性
スコットランドと北海道
山口二郎　600円

No.62
機能重視型政策の分析過程と財務情報
宮脇淳　800円

No.63
自治体の広域連携
佐藤克廣　900円

No.64
分権時代における地域経営
見野全　700円

No.65
町村合併は住民自治の区域の変更である。
森啓　800円

No.66
自治体学のすすめ
田村明　900円

No.67
市民・行政・議会のパートナーシップを目指して
松山哲男　700円

No.69
新地方自治法と自治体の自立
井川博　900円

No.70
分権型社会の地方財政
神野直彦　1,000円
No.71
自然と共生した町づくり
宮崎県・綾町
森山喜代香　700円
No.72
情報共有と自治体改革
ニセコ町からの報告
片山健也　1,000円
No.73
地域民主主義の活性化と
自治体改革
山口二郎　600円
No.74
分権は市民への権限委譲
上原公子　1,000円
No.75
今、なぜ合併か
瀬戸亀男　800円
No.76
市町村合併をめぐる状況分析
小西砂千夫　800円
No.78
ポスト公共事業社会と自治体
政策
五十嵐敬喜　800円
No.80
自治体人事政策の改革
森啓　800円

No.82
地域通貨と地域自治
西部忠　900円
No.83
北海道経済の戦略と戦術
宮脇淳　800円
No.84
地域おこしを考える視点
矢作弘　700円
No.87
北海道行政基本条例論
神原勝　1,100円
No.90
「協働」の思想と体制
森啓　800円
No.91
協働のまちづくり
三鷹市の様々な取組みから
秋元政三　700円
No.92
シビル・ミニマム再考
ベンチマークとマニフェスト
松下圭一　900円
No.93
市町村合併の財政論
高木健二　800円
No.95
市町村行政改革の方向性
～ガバナンスとＮＰＭのあいだ
佐藤克廣　800円

No.96
創造都市と日本社会の再生
佐々木雅幸　800円
No.97
地方政治の活性化と地域政策
山口二郎　800円
No.98
多治見市の政策策定と政策実行
西寺雅也　800円
No.99
自治体の政策形成力
森啓　700円
No.100
自治体再構築の市民戦略
松下圭一　900円
No.101
維持可能な社会と自治
～『公害』から『地球環境』へ
宮本憲一　900円
No.102
道州制の論点と北海道
佐藤克廣　1,000円
No.103
自治体基本条例の理論と方法
神原勝　1,100円
No.104
働き方で地域を変える
～フィンランド福祉国家の取り組み
山田眞知子　800円

No.107
公共をめぐる攻防
～市民的公共性を考える
樽見弘紀　600円
No.108
三位一体改革と自治体財政
岡本全勝・山本邦彦・北良治・逢坂誠二・川村喜芳　1,000円
No.109
連合自治の可能性を求めて
サマーセミナー in 奈井江
松岡市郎・堀則文・三本英司・佐藤克廣・砂川敏文・北良治　他
1,000円
No.110
「市町村合併」の次は「道州制」か
高橋彦芳・北良治・脇紀美夫・碓井直樹・森啓　1,000円
No.111
コミュニティビジネスと建設帰農
松本懿・佐藤吉彦・橋場利夫・山北博明・飯野政一・神原勝
1,000円
No.112
「小さな政府」論とはなにか
牧野富夫　700円
No.113
栗山町発・議会基本条例
橋場利勝・神原勝　1,200円

No.114
北海道の先進事例に学ぶ
宮谷内留雄・安斎保・見野全・佐藤克廣・神原勝　1,000円

No.115
地方分権改革のみちすじ
―自由度の拡大と所掌事務の拡大―
西尾勝　1,200円

地方自治ジャーナルブックレット

No.3
使い捨ての熱帯林
熱帯雨林保護法律家リーグ　971円

No.4
自治体職員世直し志士論
村瀬誠　971円

No.8
市民的公共性と自治
今井照　1,166円［品切れ］

No.9
ボランティアを始める前に
佐野章二　777円

No.10
自治体職員の能力
自治体職員能力研究会　971円

No.11
パブリックアートは幸せか
山岡義典　1,166円

No.12
市民がになう自治体公務
パートタイム公務員論研究会
1,359円

No.13
行政改革を考える
山梨学院大学行政研究センター
1,166円

No.14
上流文化圏からの挑戦
山梨学院大学行政研究センター
1,166円

No.15
市民自治と直接民主制
高寄昇三　951円

No.16
議会と議員立法
上田章・五十嵐敬喜　1,600円

No.17
分権段階の自治体と政策法務
松下圭一他　1,456円

No.18
地方分権と補助金改革
高寄昇三　1,200円

No.19
分権化時代の広域行政
山梨学院大学行政研究センター
1,200円

No.20
あなたのまちの学級編成と
地方分権
田嶋義介　1,200円

No.21
自治体も倒産する
加藤良重　1,000円

No.22
ボランティア活動の進展と自
治体の役割
山梨学院大学行政研究センター
1,200円

No.23
新版・2時間で学べる
「介護保険」
加藤良重　800円

No.24
男女平等社会の実現と自治体
の役割
山梨学院大学行政研究センター
1,200円

No.25
市民がつくる東京の環境・公
害条例
市民案をつくる会　1,000円

No.26
東京都の「外形標準課税」はな
ぜ正当なのか
青木宗明・神田誠司　1,000円

No.27
少子高齢化社会における福祉
のあり方
山梨学院大学行政研究センター
1,200円

No.28
財政再建団体
橋本行史　1,000円［品切れ］

No.29
交付税の解体と再編成
高寄昇三　1,000円

No.30
町村議会の活性化
山梨学院大学行政研究センター
1,200円

No.31
地方分権と法定外税
外川伸一　800円

No.32
東京都銀行税判決と課税自主権
高寄昇三　1,000円

No.33
都市型社会と防衛論争
松下圭一　900円

No.34
中心市街地の活性化に向けて
山梨学院大学行政研究センター
1,200円

No.35
自治体企業会計導入の戦略
高寄昇三　1,100円

No.36
行政基本条例の理論と実際
神原勝・佐藤克廣・辻道雅宣
1,100円

No.37
市民文化と自治体文化戦略
松下圭一　800円

No.38
まちづくりの新たな潮流
山梨学院大学行政研究センター
1,200円

No.39
ディスカッション・三重の改革
中村征之・大森彌　1,200円

No.40
政務調査費
宮沢昭夫　1,200円

No.41
市民自治の制度開発の課題
山梨学院大学行政研究センター
1,100円

No.42
《改訂版》自治体破たん
・「夕張ショック」の本質
橋本行史　1,200円

No.43
分権改革と政治改革
～自分史として
西尾勝　1,200円

No.44
自治体人材育成の着眼点
浦野秀一・井澤壽美子・野田邦弘・西村浩・三関浩司・杉谷知也・坂口正治・田中富雄　1,200円

No.45
障害年金と人権
—代替的紛争解決制度と大学・専門集団の役割—
橋本宏子・森田明・湯浅和恵・池原毅和・青木久馬・澤静子・佐々木久美子　1,400円

No.46
地方財政健全化法で財政破綻は阻止できるか
夕張・篠山市の財政運営責任を追及する
高寄昇三　1,200円

No.47
地方政府と政策法務
市民・自治体職員のための基本テキスト
加藤良重　1,200円

No.48
政策財務と地方政府
市民・自治体職員のための基本テキスト
加藤良重　1,400円

No.49
政令指定都市がめざすもの
高寄昇三　1,400円

No.50
良心的裁判員拒否と責任ある参加
～市民社会の中の裁判員制度～
大城聡　1,000円

朝日カルチャーセンター 地方自治講座ブックレット

No.1
自治体経営と政策評価
山本清　1,000円

No.2
ガバメント・ガバナンスと行政評価システム
星野芳昭　1,000円

No.4
政策法務は地方自治の柱づくり
辻山幸宣　1,000円

No.5
政策法務がゆく
北村喜宣　1,000円

政策・法務基礎シリーズ
—東京都市町村職員研修所編

No.1
これだけは知っておきたい自治立法の基礎
600円

No.2
これだけは知っておきたい政策法務の基礎
800円

シリーズ「生存科学」
（東京農工大学生存科学研究拠点 企画・編集）

No.2
再生可能エネルギーで地域がかがやく
—地産地消型エネルギー技術—
秋澤淳・長坂研・堀尾正靭・小林久
1,100円

No.4
地域の生存と社会的企業
—イギリスと日本との比較をとおして—
柏雅之・白石克孝・重藤さわ子
1,200円

No.5
地域の生存と農業知財
澁澤栄・福井隆・正林真之
1,000円

No.6
風の人・土の人
—地域の生存とNPO—
千賀裕太郎・白石克孝・柏雅之・福井隆・飯島博・曽根原久司・関原剛
1,400円

自治体再構築

松下圭一（法政大学名誉教授）　定価 2,800 円

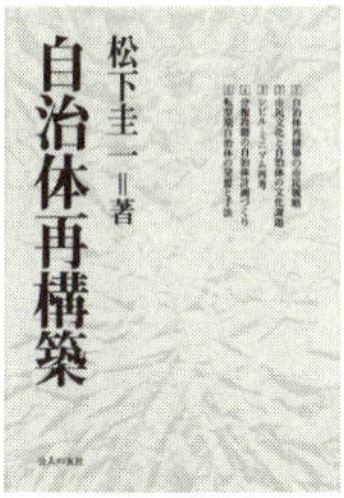

●官治・集権から自治・分権への転型期にたつ日本は、政治・経済・文化そして軍事の分権化・国際化という今日の普遍課題を解決しないかぎり、閉鎖性をもった中進国状況のまま、財政破綻、さらに「高齢化」「人口減」とあいまって、自治・分権を成熟させる開放型の先進国状況に飛躍できず、衰退していくであろう。
●この転型期における「自治体改革」としての〈自治体再構築〉をめぐる 2000 年～ 2004 年までの講演ブックレットの 総集版。

1　自治体再構築の市民戦略
2　市民文化と自治体の文化戦略
3　シビル・ミニマム再考
4　分権段階の自治体計画づくり
5　転型期自治体の発想と手法

社会教育の終焉［新版］

松下圭一（法政大学名誉教授）　定価 2,625 円

●86年の出版時に社会教育関係者に厳しい衝撃を与えた幻の名著の復刻・新版。
●日本の市民には、〈市民自治〉を起点に分権化・国際化をめぐり、政治・行政、経済・財政ついで文化・理論を官治・集権型から自治・分権型への再構築をなしえるか、が今日あらためて問われている。

序章　日本型教育発想
Ⅰ　公民館をどう考えるか
Ⅱ　社会教育行政の位置
Ⅲ　社会教育行政の問題性
Ⅳ　自由な市民文化活動
終章　市民文化の形成　　あとがき　　新版付記

増補 自治・議会基本条例論　自治体運営の先端を拓く

神原　勝（北海学園大学教授・北海道大学名誉教授）　定価 2,625 円

生ける基本条例で「自律自治体」を創る。その理論と方法を詳細に説き明かす。7年の試行を経て、いま自治体基本条例は第2ステージに進化。めざす理想型、総合自治基本条例＝基本条例＋関連条例

プロローグ
Ⅰ　自治の経験と基本条例の展望
Ⅱ　自治基本条例の理論と方法
Ⅲ　議会基本条例の意義と展望
エピローグ
条例集
1　ニセコ町まちづくり基本条例
2　多治見市市政基本条例
3　栗山町議会基本条例

自律自治体の形成　すべては財政危機との闘いからはじまった

西寺雅也（前・岐阜県多治見市長）　四六判・282頁　定価2,730円

ISBN978-4-87555-530-8 C3030

多治見市が作り上げたシステムは、おそらく完結性という点からいえば他に類のないシステムである、と自負している。そのシステムの全貌をこの本から読み取っていただければ、幸いである。
（「あとがき」より）

Ⅰ　すべては財政危機との闘いからはじまった
Ⅱ　市政改革の土台としての情報公開・市民参加・政策開発
Ⅲ　総合計画（政策）主導による行政経営
Ⅳ　行政改革から「行政の改革」へ
Ⅴ　人事制度改革
Ⅵ　市政基本条例
終章　自立・自律した地方政府をめざして
資料・多治見市市政基本条例

フィンランドを世界一に導いた100の社会政策

フィンランドのソーシャル・イノベーション

【品　切】

イルッカ・タイパレ - 編著　山田眞知子 - 訳者

A5判・306頁　定価2,940円　ISBN978-4-87555-531-5 C3030

フィンランドの強い競争力と高い生活水準は、個人の努力と自己開発を動機づけ、同時に公的な支援も提供する、北欧型福祉社会に基づいています。民主主義、人権に対する敬意、憲法国家の原則と優れた政治が社会の堅固な基盤です。

‥‥この本の100余りの論文は、多様でかつ興味深いソーシャルイノベーションを紹介しています。‥フィンランド社会とそのあり方を照らし出しているので、私は、読者の方がこの本から、どこにおいても応用できるようなアイディアを見つけられると信じます。
（刊行によせて - フィンランド共和国大統領　タルヤ・ハロネン）

公共経営入門　―公共領域のマネジメントとガバナンス

トニー・ボベール／エルク・ラフラー - 編著　みえガバナンス研究会 - 翻訳

A5判・250頁　定価2,625円　ISBN978-4-87555-533-9 C3030

本書は、大きく３部で構成されている。まず第１部では、ＮＰＭといわれる第一世代の行革から、多様な主体のネットワークによるガバナンスまで、行政改革の国際的な潮流について概観している。第２部では、行政分野のマネジメントについて考察している。………本書では、行政と企業との違いを踏まえた上で、民間企業で発展した戦略経営やマーケティングをどう行政経営に応用したらよいのかを述べている。第３部では、最近盛んになった公共領域についてのガバナンス論についてくわしく解説した上で、ガバナンスを重視する立場からは地域社会や市民とどう関わっていったらよいのかなどについて述べている。　（「訳者まえがき」より）

「自治体憲法」創出の地平と課題

—上越市における自治基本条例の制定事例を中心に—

石平春彦（新潟県・上越市議会議員）　A５判・208頁　定価2,100円

ISBN978-4-87555-542-1 C3030

「上越市基本条例」の制定過程で、何が問題になりそれをどのように解決してきたのか。ひとつひとつの課題を丁寧に整理し記録。

現在「自治基本条例」制定に取り組んでいる方々はもちろん、これから取り組もうとしている方々のための必読・必携の書。

自治体政府の福祉政策

加藤　良重著　A5判・238頁　定価2,625円　ISBN978-4-87555-541-4 C3030

本書では、政府としての自治体（自治体政府）の位置・役割を確認し、福祉をめぐる環境の変化を整理し、政策・計画と法務・財務の意義をあきらかにして、自治体とくに基礎自治体の福祉政策・制度とこれに関連する国の政策・制度についてできるかぎり解りやすくのべ、問題点・課題の指摘と改革の提起もおこなった。

鴎外は何故袴をはいて死んだのか

志田　信男著　四六判・250頁　定価2,625円　ISBN978-4-87555-540-7 C0020

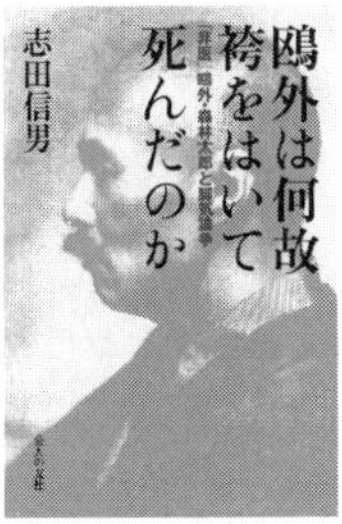

「医」は「医学」に優先し、「患者を救わん」（養生訓）ことを第一義とするテクネー（技術）なのである！

陸軍軍医中枢部の権力的エリート軍医**「鴎外」は**「脚気病原菌説」に固執して、日清・日露戦役で３万数千人の脚気による戦病死者を出してしまう！

そして手の込んだ謎の遺書を残し、袴をはいたまま死んだ。何故か！？

その遺書と行為に込められたメッセージを今解明する。

大正地方財政史・上下巻

高寄昇三（甲南大学名誉教授）　Ａ５判・上 282 頁、下 222 頁　各定価 5,250 円
（上）ISBN978-4-87555-530-8 C3030　（下）ISBN978-4-87555-530-8 C3030

大正期の地方財政は、大正デモクラシーのうねりに呼応して、中央統制の厚い壁を打ち崩す。義務教育費国庫負担制の創設、地方税制限法の大幅緩和、政府資金の地方還元など、地方財源・資金の獲得に成功する。しかし、地租委譲の挫折、土地増価税の失敗、大蔵省預金部改革の空転など、多くが未完の改革として、残された。政党政治のもとで、大正期の地方自治体は、どう地域開発、都市計画、社会事業に対応していったか、また、関東大震災復興は、地方財政からみてどう評価すべきかを論及する。

（上巻）1 大正デモクラシーと地方財政　2 地方税改革と税源委譲
　3 教育国庫負担金と町村財政救済　4 地方債資金と地方還元
（下巻）1 地方財政運営と改革課題　2 府県町村財政と地域再生
　3 都市財政運用と政策課題

私たちの世界遺産 1　持続可能な美しい地域づくり

世界遺産フォーラム in 高野山

五十嵐敬喜・アレックス・カー・西村幸夫　編著
A5 判・306 頁　定価 2,940 円　ISBN978-4-87555-512--4 C0036

世界遺産は、世界中の多くの人が「価値」があると認めたという一点で、それぞれの町づくりの大きな目標になるのである。それでは世界遺産は実際どうなっているのか。これを今までのように「文化庁」や「担当者」の側からではなく、国民の側から点検したい。
　本書は、こういう意図から 2007 年 1 月に世界遺産の町「高野山」で開かれた市民シンポジウムの記録である。　（「はじめに」より）

何故、今「世界遺産」なのか　五十嵐敬喜
美しい日本の残像　world heritage としての高野山　アレックス・カー
世界遺産検証　世界遺産の意味と今後の発展方向　西村幸夫

私たちの世界遺産 2　地域価値の普遍性とは

世界遺産フォーラム in 福山

五十嵐敬喜・西村幸夫　編著
A5 判・250 頁　定価 2,625 円　ISBN978-4-87555-533-9 C3030

　本書は、大きく３部で構成されている。まず第１部では、ＮＰＭといわれる第一世代の行革から、多様な主体のネットワークによるガバナンスまで、行政改革の国際的な潮流について概観している。第２部では、行政分野のマネジメントについて考察している。………本書では、行政と企業との違いを踏まえた上で、民間企業で発展した戦略経営やマーケティングをどう行政経営に応用したらよいのかを述べている。第３部では、最近盛んになった公共領域についてのガバナンス論についてくわしく解説した上で、ガバナンスを重視する立場からは地域社会や市民とどう関わっていったらよいのかなどについて述べている。　（「訳者まえがき」より）